3岁

为1~3周岁男孩们
量身打造科学培育方案

决定男孩的一生

宋云◎编著

掌握正确培育男孩的方法，望子成龙的愿望就会轻松实现

北京联合出版公司
Beijing United Publishing Co.,Ltd.

图书在版编目（CIP）数据

3 岁决定男孩的一生／宋云编著 . —北京：北京联合出版公司，
2009.8（2018.4 重印）
ISBN 978 － 7 － 80724 － 741 － 8

Ⅰ.3… Ⅱ.宋… Ⅲ.婴幼儿—早期教育—教材
Ⅳ.G61

中国版本图书馆 CIP 数据核字（2009）第 124914 号

3 岁决定男孩的一生
作　　者：宋　云
选题策划：北京天下书盟文化传媒股份有限公司
责任编辑：徐秀琴
特约编辑：何英娇
封面设计：天下书装
版式设计：天下书装

北京联合出版公司出版
（北京市西城区德外大街 83 号 9 层 100088）
三河市人民印务有限公司　　新华书店经销
字数 200 千字　　　710 毫米×1000 毫米　　1/16　　15 印张
2009 年 8 月第 1 版　　2018 年 4 月第 2 次印刷
ISBN 978 － 7 － 80724 － 741 － 8
定价：39.80 元

前　言

3 岁的小男孩就像一粒神奇的种子

有一句众人皆知的俗语："3 岁看大，7 岁看老。"说明了幼儿亲子教育的重要性，尤其是 3 岁左右的男孩。这个年龄段养成的一些习惯，会直接影响他们的一生，决定了他们将来能做成一番什么样的事业，成为什么样的人。

尤其在中国，男孩自出生之日起，就像宝贝疙瘩一样被宠爱着，呵护着，寄予极大的希望。但是对父母来说，相对于女孩，养育男孩的挑战要大得多，带给父母的麻烦和困惑也要远远多于女孩。

3 岁的男孩到底有什么特殊之处呢？

他在身体和性格上，已经和女孩有了很大的区别，开始产生性别意识，萌生了"我到底是谁"的想法。

他开始变得强壮，喜欢冒险，尝试一切新鲜的事物。在你的眼中，他是一个既淘气又顽皮的"惹祸精"。

他吃饭挑食，睡觉闹床，喜新厌旧，永不满足……在家里为所欲为。

他生就了一副倔脾气，不达目的誓不休，任何人都无法改变他的想法，哪怕你是他的爸爸或妈妈。

不仅如此，他还是个爱"记仇"的小家伙，拥有一颗敏感的心灵，能够察觉你态度的微妙变化，对他稍有怠慢，都会造成"伤害"，让他受伤很长时间……

嘿！瞧见了吧，这就是 3 岁的小男孩，他既是心肝肉，又是块烫手的宝玉，让你既快乐又烦恼。更重要的是，他又处在可以决定一生的阶段，是身体、个性和潜能的至关重要的形成期：他的将来，取决于你今天采用的培养思路和教育方法。

成功的教育来自于正确的细节，细节决定成败。在 3 岁男孩的面前，任何的大道理，任何的说教，都要让开自己的位置。父母只有通过日常生活细节的亲身示范，才能让善于模仿和学习的孩子逐渐明白这个世界，锻炼出小男子汉的身体、性格和思维。

本书就是从这一点出发，立足于实践，针对 3 岁左右的男孩子的实际情况，通过健康、教育、心理、潜能培养和个性引导等各个方面，结合大量的实例，为全天下男孩的家长提供切实可行的参考经验。

3 岁的小男孩就像一粒神奇的种子，我们只要善于培养，正确引导，每个男孩都能长成一片茂密丰盛的果园，成为一个了不起的男子汉。

目 录

> 　　男孩,带有 Y 性染色体的不平凡的小家伙,从来到这个世界的那一刻起,就注定要走一条与众不同的成长道路。男孩子在 1 岁之前,就已经产生了"我和女孩不同"的潜意识。他们不仅身体条件不同,性格不同,心理需求也不同。作为父母,应该充分地认识到这些或微妙或显著的差异,给男孩创造一个合适的成长环境。

第二章　3 岁看大——不要忽视 3 岁前的儿子 ·············· 21

> 3 岁之前的男孩就像水,你给他的容器是什么样,他就会变成什么形状,具有最大的可塑性。3 岁之前的男孩就像一粒神奇的种子,他将来的成就,取决于你提供的土壤。不要忽视 3 岁的男孩,就是要求家长在他们的性格与兴趣还未定型时,进行最佳时机的介入,给予最充足的关注。

第三章　3 岁以前,男孩这样养育最健康 ·············· 43

> 3 岁之前的宝宝,对饮食十分挑剔,在玩的方面也是贪得无厌哦。父母如何在宝宝的要求和科学养育之间找到一个平衡,对于宝宝的健康至关重要。下面,就让我们从饮食、锻炼、睡眠、穿衣,这些和宝宝的健康息息相关的方面谈谈如何满足 3 岁小男孩发育的需要,让我们的小男子汉健康成长。

第四章　妈妈改变孩子的一生——3岁男孩想要的妈妈 ··· 65

3岁男孩的心目中,最理想的妈妈应该是什么样的呢?我们可以看到,那些聪明活跃的男孩,他们身边都有一个善解人意的妈妈,她懂得孩子最需要什么,能够成为孩子最好的观众,为孩子鼓掌喝彩。所以,每一位妈妈都应该走进宝宝的内心,做他们最知心的港湾,为他们创造一个健康成长的平台。

第五章　爸爸的作用不可小觑——爸爸的肩膀最安全 ··· 81

宝宝的健康成长不仅需要细腻的母爱,更离不开粗线条的父爱。这两种爱,对宝宝而言,如同空气和水,必不可少。而且,父爱有它独特的魅力和力量。爸爸能够以其特有的男性特征,如坚毅、果断、独立性、进取性、合作性来影响宝宝;爸爸的严格要求让宝宝学会审视自己的行为,学会承担责任,宝宝也会更好地从爸爸那里观察、模仿男性的语言和行为,日渐表现出男子汉的气概。

第六章　夸赞一句胜过说教十句 ················· 101

> 宝宝的心灵就像正需要浇灌的娇嫩的小树苗,他需要肯定,需要夸赞,而不是枯燥的说教。用欣赏的眼光看待宝宝,用肯定和夸奖去激励宝宝的成长,开发他的潜力,是家长送给宝宝的最好的礼物。

第七章　有些话,千万不要对他说 ················· 119

> 你知道吗? 有些话,爸妈对宝宝是万万说不得的,像一些情绪式、打压式、对比式和悬赏式的语言,这对于解决问题、辅助宝宝的成长没有任何帮助,反而会造成他的负面情绪和行为,误导他的理解。因为我们的宝宝只有 3 岁,他对我们是持一种仰望的态度,还不能完全理解大人的心理,很容易受到伤害。父母要警惕这些挂在嘴边的"刀子",以免它们割到孩子的心灵。

第八章　从 3 岁开始，培养一个小小男子汉 ················· 145

> 从男宝宝到男孩的距离有多远？如何让宝宝像我们预期的那样成为一个可以健康独立的小男子汉呢？家长在这个过程中应该怎么做呢？自信，上进，勇气和勇于承担责任的气概，是我们要重点对 3 岁的宝宝培养的。男孩就像一粒种子，我们要提供的就是一块合适的土壤，给他提供充足的营养和水分，他一定会生长出一片葱郁生机的森林。

第九章　3 岁男孩的动力开关
——让兴趣成为儿子的老师 ················· 163

> 爱因斯坦有句话："兴趣是最好的老师。"开发儿子的各种爱好，并引导他们根据自己的喜好去激发潜力，是让儿子成材的最好途径。有了兴趣就成功了一半，就像一个长跑运动员有了目标和动力。家长要做的工作就是帮助儿子发现他的爱好和优势所在，并进行正确的引导，用日常生活的点点滴滴，去激发和培养他的兴趣。

第十章　小习惯大未来——帮儿子从小养成好习惯 …… 179

> 好习惯的塑造要靠父母的言传身教,特别是对于天生就不安分的活力四射的小男孩来说,更是要从小就督促他在各方面都养成良好的习惯。父母最好以身作则,通过自身的带动作用,再加上循循善诱的教导和纠正,使儿子逐渐具备最基本的优良品德,为他的未来打下坚实的基础。

第十一章　"我的地盘我做主"
——让儿子成为自己的主人 …………………… 195

> 宝宝的自立要从最小的事情做起。让他从 3 岁开始,便勇敢地迈出人生独立的第一步。家长对于男孩自立性的锻炼,应该贯穿到日常生活中的每一个行为和细节,而不是说教似的语言灌输,充分让他体会到小男子汉的责任与本色就是独立、勇气和责任。让你的儿子做一个顶天立地的受人羡慕的小男孩。

第十二章　巧妙处理儿子成长中的烦恼

儿子在成长的过程中会遇到很多陌生新鲜的问题,他不知道答案,很想追根溯源。家长应该关注孩子的这些烦恼,对于一些特殊的问题,做好充分的准备,给孩子一个合理的满意的解释。本章就一些在男孩身上比较常见的问题,做一些简单的建议。家长具体采取什么样的方式,还应该视自己宝宝的实际情况而定。

第一章

男孩子的与众不同

　　男孩，带有Y性染色体的不平凡的小家伙，从来到这个世界的那一刻起，就注定要走一条与众不同的成长道路。男孩子在1岁之前，就已经产生了"我和女孩不同"的潜意识。他们不仅身体条件不同，性格不同，心理需求也不同。作为父母，应该充分地认识到这些或微妙或显著的差异，给男孩创造一个合适的成长环境。

男孩与女孩的不同

"妈妈，为什么我不能和小燕姐一样扎根漂亮的辫子？"

"爸爸，为什么我的力气比小燕姐还大？为什么我的声音粗粗的，没有小燕姐说话好听？"

……

当小家伙摇头晃脑地问你这些问题时，你就该意识到，他已经迫切地想搞清楚自己和女孩的区别了。他发现了自己比女孩子力气大，还因为不能扎一对漂亮的小辫子而感到有些伤心。

这时，你需要做的就是耐心地向他解释：

"因为你是男孩子，将来的男子汉，当然就要做和女孩子不一样的事情啦！"

并且，你还要适时地制订对宝宝的培养计划，让他从此向着真正男子汉的方向健康地成长。

涛涛是成都的一个可爱的男宝宝，生下来就特别招人喜欢。全家人拿他当块宝，含在嘴里怕化了，捧在手心怕摔了。但是当他长到六七岁的时候，许先生夫妇却发现有点不对劲了：涛涛喜欢穿女孩的衣服，跟女孩一块玩，说话细声细语，走路不紧不慢，性格唯唯诺诺，没有一点半大小子该有的阳刚劲。

大人傻眼了，这是怎么回事？问题恰恰出在他们身上。从涛涛小时候起，他们就忽视了儿子与女孩各方面的不同，还以为小孩子越安静、越听话，才最好呢。在涛涛产生男孩意识的时候，他们没有及时跟进，顺势引导，而涛涛又常跟邻居家的小姐姐一块玩，连衣服都是穿小姐姐剩下的，结果养成了现在这种性格。

那么，这时的男孩和女孩又有哪些方面的不同呢？

性别的意识

早在 18 个月左右的时候，宝宝就开始知道自己是男孩还是女孩了，潜意识里会明白谁是异性，谁是同性。到了 2 岁左右，宝宝就会开始对同性别的人产生一种具体的认同感，在玩耍和其他的行为中，表现出自己性别的特征。比如小便的时候，如果有异性在旁边，他会感到害羞。

有关专家认为，先天的遗传原因和后天教育的作用，会决定这些性别意识的表现方式。细心的家长要学会观察宝宝这方面的一些表现，适当地给予宝宝通俗易懂的指导。

身体的发育

在婴儿期，男孩和女孩的身高和体重差不多是按照同样缓慢而稳定的速度增长的，所以很多大人都会忽视他们之间的不同，误以为这一时期的宝宝不用分男女，可以一视同仁。其实，1 岁的男宝宝在体质和力量上面，就已经开始体现出男孩的优点：他的身体更结实，力量更大些，在受到"伤害"时，也会表现出男孩特有的不服输和坚强。这都是家长不失时机地进行介入培养的好机会。

语言的能力

男孩通常晚于女孩开始说话，有一项调查数据表明：在较晚才开始说话的孩子中，男孩多于女孩。而且，男孩掌握的词汇量也较为有限，男宝宝在这方面的发育显得稍为迟缓。人们常觉得男孩在小时候脑子很"笨"，学东西慢。而女孩，她们更善于读懂非语言符号，比如音调和表情，也能更早地与外界交流。所以，当你对男宝宝读一篇好玩的故事时，如果恰如其分地告诉他故事中人物的情绪，做到绘声绘色，你的宝宝一定能早早地开始注意其他人的感受，增强这方面的能力。

动作的技能

男孩的大动作技能发育得略快一些，比如走路和平衡，他们控制自己身体的能力更强，不会轻易摔倒；女孩在精细动作的技能方面，则会率先提高，比如握笔和写字。因此，女孩往往会先于男孩表现出对艺术的兴趣，像绘画、音乐和小手工技艺。

我们经常可以看到，男宝宝对球类、汽车等需要消耗较大体力的玩具更感兴趣，而女孩更喜欢气球、积木、魔方、漂亮的圆珠笔、图画本等不需要费力气和技巧性的玩具。

科学家通过对男孩大脑的研究也发现，从生理角度讲，男孩更具攻击性，更冲动，从事冒险行为时，快感中枢也更兴奋。

生理的差异

一般来说，在如厕训练这方面，女孩比男孩接受得要更早，她们能更早地告别尿床。这里面，也有社会差异的原因，因为如厕训练通常由母亲来做，女孩更容易模仿，心理上更能接受。

如果父亲能充分地参与到这方面的训练中，相信男宝宝一定会受益匪浅哦！如厕训练相当重要，因为它意味着宝宝成为小男子汉的第一步，是培养独立意识的第一步。

人的性格不全是后天形成的

人们都说：性格决定命运。可是很少人知道，这句话反过来说也成立：命运也会影响性格。

对于性格是怎么形成的，不同的人会得出不同的观点。但是有一点是肯定的，先天和后天的因素对人的性格都会产生很大的影响。

有一个电视节目曾经讲到，人的性格在出生后的 3 个月就会开始形成，一直到成人，才会大体定型。因此，对宝宝的幼教工作尤为重要，大部分性格不全的人，几乎全是因为后天的影响，特别是童年时期的心理经验，而不是先天的遗传因素。

就拿涛涛来说吧，他本来可以成为一个心理健康的小男孩，沿着正

常的轨迹，逐渐成为顶天立地的男子汉。但许先生夫妇在性别教育方面的经验不足，把他置于一个错误的培养环境中，使他无意中被刻上了女孩子的心理烙印，成长路线脱离了男孩子的轨迹，如果不及时纠正，等他长大以后，再想逆转过来就非常困难了。

一项国外的权威研究表明，在决定一个人性格的各种因素里面，童年经历占到了80%的比重，在 3 ~ 6 岁这个年龄段所经历的事情，形成的感知，累积的经验，会决定一个人一生的性格框架。而 6 岁以后的人生经历，只会对性格起到细枝末节的影响。

请看影响一个人性格的四种因素：

①基因：父母的遗传，俗称"胎里带"。

②心理：人生经验，特别是小时候的经历。

③环境：环境形成性格，也会改变性格，其中，成长环境最为重要。

④自我：从某种程度讲，人可以主宰自己，自我意识会影响性格的形成，而最基本的自我意识，形成于童年时期。

四种因素里面，和童年息息相关的便有三种。由此可见，童年时期的教育是多么关键！

虽然先天遗传导致的发育不良从而影响到孩子性格的案例确实有不少，但是现实生活中无数的事例告诉我们，后天因素才是成就我们性格的主要原因。不健康的遗传会使一个人身体不全，思维不全，但绝不会百分之百地决定他终生的性格。只有后天的影响，才会让一个人的性格变得残缺。

孩子性格的形成，与你为他创造的成长环境密不可分。这个环境是健康的，开放的，阳光的，他就会成为一个健康、外向和阳光的大男孩；如果你为他设立的成长空间是封闭的，阴郁的，甚至像涛涛那样，那他肯定会缺失一部分本该正常拥有的性格。

许先生夫妇为了弥补过失，经过反思和商议，很快制订了一个方案。他们同时采取了三个办法：

第一，改变了自己对儿子的培养习惯，当涛涛发泄情绪时，不再训斥和阻止，而是让孩子顺着性子来。

第二，纠正了涛涛错误的穿衣习惯，为他找了很多性格活泼的男孩玩伴，让他们一起玩。

第三，适当地进行认知性的启蒙教育，主要由爸爸许先生来做，也可以称为"儿童性别启蒙"，虽然是亡羊补牢，但却为时不晚。

经过了近一年的努力，在涛涛读三年级的时候，他们惊喜地发现，儿子终于改变了那些"坏"习惯，说话声音大了，走路步子快了，完全恢复了男孩的本色。

你看，在成长期，环境的影响有多么重要！在这个时期，父母简直就是操纵着他们成长方向的那根风筝线，一点大意不得！

对于孩子性格的培养，作为父母，首先要明白几个最基本的道理：

性格是可以后天塑造的

后天正确的培养方式，可以修复先天的不利因素。所以，如果您发现自己的孩子有一些不好的性格，千万不要着急，更不要灰心失望。先查清问题根源，再对症下药，就可以给自己的宝宝塑造一个健康的性格。

性格定型后并非一成不变

人的性格受很多因素的影响，社交关系，学习和工作的环境，命运的变迁，都会在无形中改变着一个人的性格。历史上伤仲永的故事，就是告诉了我们这样一个真理，在漫长的人生中，没有一成不变的人。所以，面对孩子性格的改变，请抱一颗平常心，只要给他一个宽松的、健康的环境就足够了。

性格没有最好

很多家长对孩子的期待过高，用过高的标尺去丈量孩子，把自己的理想强行实施在孩子身上，总希望宝宝能够成为一个完美的人。其实这

是不对的，人的性格没有最好，也没有什么特定的标杆。强求孩子变成自己希望的样子，只会适得其反。

只要他快乐，健康，由着天性成长，他就是世界上最可爱的小男孩，就是你最值得炫耀的骄傲。

男孩天生爱冒险

济南的贝贝今年 3 岁半了，是个小胖墩，走路还显得很吃力，却让李先生夫妇时刻都不敢松懈神经，不知他下一秒又会干出什么"惊天动地"的大事，吓他们一身冷汗。虽然大人担惊受怕，可贝贝却开心极了，乐此不疲地让爸爸妈妈为了他忙个不亦乐乎。

这就是男孩的冒险心理在作怪，比如：

他经常摇摇晃晃地站到小凳子上，兴奋地喊一声，引起大人的注意，然后突然从上面跳下来。虽然有时因为没站稳而摔得哇哇大哭，可下一次，他还会这么干。

他好几次都想把手指伸进墙角的电插座，想摸摸里面到底是什么。尽管李先生早就掐断了电路，可还是为他这种天不怕地不怕的顽皮劲又笑又气。

李先生夫妇看电视的时候，他靠近电视屏幕，好奇的大眼睛一闪一闪，想弄清那些叔叔阿姨是怎么跑进电视机的……

男孩，就是这样，是一个天生爱冒险的小精灵，分分秒秒都想探索这个世界。

作为父母，我们应该知道他们与女孩的不同：

女孩喜欢安静，男孩却喜欢热闹；

女孩爱听妈妈讲故事，男孩却总想爬上爬下，寻找刺激；

女孩喜欢白雪公主，男孩却最爱英雄奥特曼；

……

可以说，"爱冒险"是男孩的天性，是由男孩的基因决定的。男孩喜欢竞争，为了一个玩具，能和小伙伴打成一团；男孩崇拜英雄，这从他们喜欢的卡通片就能看出来。

这是由男孩体内的男性荷尔蒙——睾丸素决定的，正是由于和女孩体内的女性荷尔蒙的不同，才造就了男孩"小冒险王"的天性。

首先我们要清楚，对男孩来说，冒险是一项非常好的品质，有助于他们未来养成锐意进取的好性格。其次，我们也要对不同的冒险行为区别对待，既要引导孩子的天性，也要保护他们的安全。

对此，父母需要具备两种态度：

态度一：理解男孩的冒险天性

小男孩平时在家中是闲不住的，什么都想碰一碰，很多家长便总约束他的行动，非要孩子安静地坐在原地才算放心。这么做违背了男孩的天性，大错特错，对于一些有助于启发孩子智力、利于孩子成长的行为，请父母们不要束缚他。

要学会理解，并且相信他的能力。

贝贝对电插座很感兴趣，有一次，他不知从哪儿找了根小铁丝，要插到里面去。李妈妈及时发现了，但是，聪明的她并没有大急大吼，而是很快走到他身边，对他说："宝贝，你在玩什么呀？来，妈妈给你换个东西，保证比小铁丝更好玩。"

她拿来一只测电笔，牵着贝贝的手，去为插座通上了电。然后，她让贝贝握住测电笔，去接触插孔。测电笔的灯亮了，离开插孔时，灯又熄灭了。

看着这种奇怪的现象，贝贝拍着手一边跳一边喊："妈妈，真好玩！真好玩！"

这时，李妈妈才认真地说："宝贝，这个小玩具叫测电笔，它是用来检测是否有电的。如果有电，人的手是不能随便摸的。知道为什

么吗?"

贝贝拼命地摇着脑袋,他当然不知道。

李妈妈借机给孩子上了一课:"因为电是很可怕的,它会通过小铁丝传到人的身体上,会把人电得很痛,特别的难受。"

"那为什么用测电笔,我的手就不疼呢?"贝贝歪着小脑袋,眨着眼睛问。

"宝贝,你这个问题问得真棒,妈妈问你,电线的外皮是用什么材料做的?"

"塑料呀。"

"对呀,塑料能够包住电,电才不会跑出来。你看这个测电笔,手握住的这一端不就是塑料吗。所以,它才不会使人触电呀!"

贝贝听了妈妈的解释,很满意。

像这种情况,家长就应该先理解男孩的心理,再因势利导,既讲明了电的危害,又满足了孩子的好奇心,让他学到了知识。以后在爸爸妈妈不注意的时候,就不会再冒险尝试。

态度二:冒险并不总是对的

越是不现实的事情,男孩往往越想尝试。他们不能接受挫折,也不喜欢他人的帮助。有些事情,尽管他力所不及,却还要坚持不断地想试一试。这时,父母就应该正确对待男孩的这种固执行为,用合适的办法阻止他的冒险行为。

有一次,李妈妈带着贝贝去儿童乐园玩,贝贝很想自己登上那个高高的城堡。可是他太小了,旁边写着:七岁以下的儿童请在大人的带领下攀登!

妈妈便告诉他:"宝贝,你现在还小,不能玩这个游戏。"但是贝贝不听,非要爬上去,一副"不让我玩,我就不回家"的架势。

遇到这种情况,你会怎么办呢?

李妈妈看到贝贝不达目的誓不休的样子,便陪着他在城堡下面的椅子上坐着。一会儿，一个 7 岁的小姑娘玩累了，也来这儿休息。李妈妈就把贝贝也想去城堡上玩的想法告诉了小姑娘，小姑娘马上对贝贝说："不可以的，这个游戏很危险，我小时候妈妈就没让我玩。上面几乎都是我这样大的孩子，他们不会跟你玩的。"

贝贝歪着头想了很久，他相信了小姐姐的话，便主动要求妈妈带他回家了。

看到这里，我们就要想一想，尽管贝贝想冒险攀登的行为很危险，应该阻止，可是如果李妈妈一开始就急急火火地制止，效果会怎么样呢？贝贝肯定大哭大闹，听不进去。但是李妈妈没说太多的话，而是借助一个 7 岁的女孩，说出了她想说的话。

这样，贝贝很容易就接受了这个事实。妈妈达到了目的，还加深了孩子"遵守公共场合规定"的印象。

淘小子与好小子

淘小子和好小子有什么标准吗？面对这个问题，想必每位家长都很头疼，因为很难区分。特别是男孩子，我们既怕他太胡闹，又担心他太安静，在这样的左右为难中，家长经常琢磨面对孩子的一些行为，自己到底该采取什么方式。

顽皮而固执的小男孩，他们不仅喜欢冒险，喜欢无止境地探索这个世界，而且性格中还有很强的进攻性，让你感觉到一种无可奈何的淘气。这种进攻心理，有时因为好玩，有时则是因为一种想证明自己很强大的心理。

所以，淘小子也好，好小子也罢，都有这种"唯我独尊"的心理。

有时，他故意弄坏一些东西，试探你的反应；

有时，他莫名其妙地就摔倒在地，沾一身泥土，看看你是否关

心他；

有时，他还会打架，骂人，表现得像个小霸王……

当孩子出现这种无理进攻的倾向时，家长就应该及时让他明白，这种行为非常不正确，要让他学会自律，控制这种暴力倾向，不做坏男孩，学做好男孩。

比如，可以通过让孩子看一些好的电视节目，讲一些好的故事，告诉他们什么行为才是适当的，礼貌的。通过这种形式，培养男孩的价值观和道德观，让他们学会自我约束。

星期天，贝贝在地板上津津有味地自娱自乐，本来玩得很高兴。这时，邻居家的小妹妹也过来玩，刚进门，贝贝却突然挥起手中的玩具打过去。虽然没有把小妹妹打疼，但却把她吓了一大跳。

贝贝得意极了，用胜利者的眼神望着爸爸，好像在说：看，我厉害吧！他已经不止一次出现这种行为了。上一次，他在李先生的同事家和与他同岁的男孩发生了冲突，原因不过是小伙伴穿的鞋和他的一模一样，他非让人家脱下来，还说："不许穿和我一样的鞋！"

这就是淘小子的表现，永远不安分，永远让你摸不着头脑，不清楚下一次他会惹出什么麻烦。

其实，家长也不必太过紧张，和"爱冒险"一样，"惹是生非"也是男孩的天性，他们总想搞出点动静来，引起你的注意，或者证明他的强大。

关键是，我们在培养上，要让男孩从小就有自律意识，让他知道什么样的事能做，什么样的事不能做。如此，家长就能省去很多精力。

让我们看看李先生是怎么做的：

小妹妹哭着走了，李先生针对这种不礼貌的行为，毫不犹豫地训斥贝贝一番。

"贝贝，知道爸爸为什么责怪你吗？"

贝贝一看爸爸生气了，眼角立刻就冒出了泪花，摇着头："不知道。"

李先生在唱完了黑脸之后，现在耐心地给他解释："你是个小男子汉，应该去保护小妹妹，怎么能打她呢，是不是？这样下去，别人都不愿意跟你一块玩了！"

贝贝问："我不打小妹妹，别人就会都跟我玩吗？"

李先生肯定地说："对啊，你想，跟你在一起，就能受到你的保护，多好的事情啊！"

贝贝记住了爸爸的话，从此再也不欺负别的孩子了。

请家长一定要记住，淘小子与好小子，并没有严格的区分。很多事情，宝宝只是一念之间，天性使然。他们正处在一个初步形成价值观的年龄阶段，是非，善恶，对错，他们都还没有明确的认识。

所以，淘小子未必不成大器，好小子也未必个个都是未来的英才。

我们给家长的建议是：

1. 把握原则性的问题，如，不要让孩子从事危险性的行为，不要打架、欺负别人；不要骂人，摔东西等。遇有这些事，一定要及时阻止，明确告知对错，让他们立刻反省错误，不能得过且过。

2. 从孩子的实际出发，给他们营造一个宽松的环境，不规定过多的条条框框。对于非原则性的淘气行为，要顺其自然，因势利导。

3. 像李先生那样，根据孩子性格的特点，学会巧妙引导，将不好的行为，转化为有利的教育机会。

只要方法得当，宽严相济，既不放纵，也不挤压，就能给孩子一个舒适的成长空间。

每个男孩都是发明家

"爸爸，马路上的汽车为什么不能插上两个翅膀呢？这样就不会因为堵车而烦恼了。"

"妈妈，为什么房子不能动呢？这样在洪水到来的时候，它就可以自己跑到安全的地方了。"

"爸爸，为什么厨房不能自动地做饭呢？"

……

当你听到孩子这些千奇百怪的幻想时，千万不要以为这是幼稚的行为。他们正在用一颗好奇的心思考这个世界呢！每个孩子都有创造新事物的潜能，特别是身体充满着无穷的躁动因子的男孩，他们天生拥有发明创造的本能，时刻都在构思着一个前所未有的伟大作品。

你知道世界上的第一只口琴是怎么发明的吗？

1821 年，德国一个小孩拿着木梳在家门口玩，无意中把两张纸片一上一下贴在木梳上，放在嘴边一吹，发出了声音。正好一位音乐家路过，注意到了这个孩子的杰作，受到启发，产生了灵感，很快用象牙制作出了世界上的第一只口琴。

你知道望远镜是怎么发明的吗？

16 世纪末，荷兰的一个小男孩，他很顽皮，聪明好动，经常玩镜片游戏。有一次，他把近视镜片和老花镜的镜片放在一起，想看看会发生什么变化。他一会儿拉开距离，一会儿又放近一点，就这样试了很多次，突然，他惊奇地喊叫起来。原来，透过两层镜片，远处的景物被拉到了跟前，好像放大了很多倍。小男孩的父亲是眼境商，他从儿子的游戏中发现了镜片神奇的作用，于是根据这种原理，制造出了望远镜。

这样的例子还有很多，孩子在玩的过程中，会产生非常多的打破常规的想法。正是这些天真的念头里面，蕴藏着无数的发明机会。

每个男孩都是发明家，只要我们留意和保护他们相关的兴趣，男孩就会给我们惊喜。

现在，随着社会就业压力的增大，一些父母对孩子的学习都很重视，生怕他们学不好知识，将来找不到工作。除了学校规定的功课，还会额外增加很多课目，比如音乐、美术、舞蹈，几乎占去了孩子所有的业余时间。遇到孩子贪玩，就严字当先。岂不知，这些"玩"的时间，恰恰最能培养孩子的创造力。

玩是孩子的天性，不让他们玩，就等于是在压制、泯灭他们的潜质，也让孩子失去了创造的驱动力。一切的创造发明，也就无从谈起了。而这一点，是大部分父母最容易忽视的。

对此，在挖掘孩子的创造潜力时，我建议父母们牢牢秉持两个原则：

因势利导，精心培养

一定要给孩子充足的"玩"的时间，不要限制他们的兴趣，哪怕是很随意、偶然的想法。在玩的过程中，我们就能够发现男孩特殊的才能和天赋。然后，根据自身条件，因势利导地进行精心培养，强化宝宝的兴趣，就一定会对他的未来打下极为重要的基础。

我们熟知的英国物理学家、数学家麦克斯，他在数学方面的天赋，就得益于父亲的发现和培养。小时候，父亲偶然注意到他画的画很特别：一个插菊花的花瓶，所有的花朵都是由几何图形组成的，三角形的叶片，搭配得很巧妙，简直让人惊讶。父亲由此敏感地注意到，儿子对几何图形拥有非凡的控制力，于是通过启发引导，让他对数学产生了浓厚的兴趣，最终成为了杰出的物理学家和数学家。

适可而止，切忌盲目鼓励

孩子在尝试发明创造的时候，往往会表现出"一往无前、缺乏理性"的特点，他们激情有余，但理性不足。所以，对危险的事物没有足够的判断力。作为家长，一定要分清什么是正常的小发明，什么是不知轻重的莽撞。在引导的过程中，要安全第一，莫让孩子进行危险的尝试，最好是让孩子养成和父母一起进行相关游戏的习惯。

北京市就发生过一起悲剧，一个6岁的男孩，因为效仿飞机的发明者，手拿着雨伞从三楼跳了下去。结果，重重地落到了地上，口吐白沫不省人事，幸好下面是一片草坪，并且被及时送到医院，经过医生的抢救，才脱离了危险，但却永久性地留下残疾。

发明创造源于生活，源于思考和动手。所以，家长要培养宝宝的动手能力，启发他们的兴趣爱好。多让宝宝参与一些游戏性的娱乐活动，发现问题，解决问题，培养宝宝的主动性。

请记住，童年时期养成的习惯，会让一个人受益终生。我们挖掘孩子的创造才能，最终目的就是为了让他养成勤于思考、善于思考的好习惯。

领导欲是男孩的天性

王先生去幼儿园接牛牛，老师告诉他，牛牛今天凶凶地跟小华打架了，还彼此说再也不搭腔了。原来，幼儿园为了利于管理，就决定在10名小朋友里面选出一个小班长。牛牛和小华争着当班长，都对老师说自己是最听话的好孩子，然后就互相推搡起来。

牛牛因为力气较小，吃了亏，看见爸爸，委屈得哭起来。王先生把他接回家，像往常一样，把他最喜爱的玩具拿给他，他也不看一眼，撅着嘴，蹲在沙发上生闷气，就像有一件非常重大的事情没有办成，脸上布满了失落感。

王先生当然明白是怎么回事，宝宝这是想"当官"了。但他却故意问儿子："牛牛，今天你是怎么啦，为什么不理爸爸呢?"

牛牛想了想，大声地说："我要当班长!"

"噢，为什么想当班长呢?"

"当了班长，就能管9个小朋友，还有小华；如果他当了班长，我就要被他管了。"

你看，聪明的宝宝，他的想法多实在呀!就是想领导别人!

王先生把牛牛抱在怀里，说："牛牛，你这个想法很对，当班长很好，爸爸支持你！可是，大家都不喜欢打架的孩子啊！那样，小朋友都怕你了，老师也不喜欢你了，还怎么当班长呢？所以，要做一个大家都喜欢的乖孩子，老师才会让你当班长啊。"

通过这样的解释，牛牛很快就想通了。他认识到想做孩子王，就必须拿出点孩子王的气度来。第二天，牛牛就在幼儿园跟小华和好了。过了没多久，老师认为牛牛是个非常通情达理的孩子，就让他当了小班长。

这样的例子，在我们的身边有很多。男孩子从小到大，都想充当一个支配者的角色，不甘服于人，不想居于人下。因为领导欲和支配欲是男人的天性。没有哪个男人在内心中甘愿当老二，当一个顺从别人的意志的服从者。

那些成功的男人，他们都是成功地把这种心理的需求转化成了领导的艺术，将支配别人的欲望变成了协调人力配置的现实。而女人，在权力的要求方面，则要冷淡得多，她们甚至对权力有着天生的厌倦。这从小时候就能看得出，女孩讨厌那些总是指挥别人做事情的同龄人，她们觉得还是各安其事的好，各玩各的，谁也别管谁，老想领导别人，是一种霸道的行为。

父母们要知道，男孩在三四岁的时候，就已经知道自己是个了不起的小男子汉了，潜意识里，对自己男子汉的身份骄傲得像只小公鸡，无时无刻不想做点事情证明自己。此时，领导别人的欲望，当然也已经在他的脑海深处扎下了根，成了一个无须明言的心理目标。比如，有的宝宝会在吃饭的时候指挥爸妈给爷爷奶奶盛饭，一副"你们必须执行"的样子；有的孩子还热衷于操心家里大大小小的事，总想着找点什么借口，把大人们吆喝一番。

有些家长，觉得宝宝的这种表现是必须改正的缺点，岂不知，当宝宝支配身边的事物时，其实是在学着管理他生活的这个空间。

这时，作为家长，我们就要有意识地培养他在这方面的作风和素质：

他摔倒的时候，不要帮他，让他自己爬起来，坚强地站起来；

他失败的时候，不要训斥他，冷落他，而是要告诉他，鼓励他，他可以做得更好，同时，让他自己总结失败的原因；

他犯错的时候，不要允许他推卸责任，编织借口，要让他明白，好汉做事好汉当，要有承担责任的勇气；

培养男孩的领导潜质，家长要把握三个原则：

1. 不刻意，顺其自然。

2. 不压制，适当引导。

3. 不纵容，掌握分寸。

另外，在培养男孩领导潜质的过程中，父亲起到的作用是最大的。父亲是男孩第一个崇拜的人，小时候，男孩事事都会以父亲为榜样。而妈妈，因为过于细腻的照顾和谨慎的作风，虽然让男孩有依赖感，但也会削弱男孩的权力欲望。所以，父亲的性格、教育的方式、人生价值观，对儿子的未来有着潜移默化的关键影响。

 延伸阅读：3岁男孩的个性培养

需要注意的是，男孩个性的培养一定要避免走入成人化误区，莫要把粗俗的男子汉规则制定成具体的模具，朝孩子的身上去套用，非要让自己的男孩成为大众所要求的那类受欢迎的男人。

比如下列四个词汇，是家长在宝宝身上一定要尽可能杜绝的：

1. 武力

以为男孩一定要性格强悍，并把"敢打架、欺负人"作为衡量儿子勇气的重要标准。现实中，很多父母默许儿子在其他小孩面前展现"武力"和"霸气"，甚至还有父母会对儿子说"干得好，就这样干"等误导性的话。

2. 家庭责任

为了区别与女孩的不同，就要让儿子过早接受太多的"家庭责任"教育，使孩子本来就短暂的童年承担了过多的成长压力。请一定要记住，3岁之前的男孩和女孩一样，快乐的玩耍是他们唯一的义务，也是全部的权利，他们不必为将来和这个家庭思考任何现实功利的问题。作为家长，能够挖掘的男孩的责任意识，只能是他们的天性中已经表现出来的部分，比如男孩要学会保护女孩，等等。

3. 什么都可以玩

鼓励男孩的冒险精神和领导欲，并不代表可以让他为所欲为。一些家长为了让儿子玩得高兴，经常满足他的一切要求。如此一来，首先会养成孩子骄矜的坏脾气，其次还会给他带来潜在的危险，比如"胆大妄为、固执不听劝"的宝宝会瞒着家长进行一些危险的尝试。

4. 强制

为了改变涛涛的"女孩"形象，许先生曾强制儿子听从自己的摆布，比如说话必须大声，走路必须昂首挺胸，并多次体罚孩子，结果事与愿违，涛涛反而更自闭，更羞怯。男孩的个性培养需要的是引导，大人的双手绝不可亲自握住方向盘。现在一些人为了让孩子具备某些才能，也通常采用强制的手法，逼着儿子练这个学那个。表面上看，会取得暂时的成功，但长此以往，只会给他的童年埋下思维的阴影，影响他将来的个性。

3岁男孩的个性符号：

1. 自我性别意识和对异性的基本认识

2. 阳刚气

3. 勇敢

4. 不怕疼

5. 不欺负女孩，有爱心

6. 想当"小大人"

7. 自己洗手、穿袜子、装书包

8. 想独立解决问题

9. 适当冒险

10. 事事都要赢

11. 创造力

12. 尝试新游戏

13. 不怕黑

14. 淘气但是宽容

15. 不说脏话

16. 不说谎

17. 崇拜父亲

18. 生人面前不害羞

19. 游戏中的合作意识

20. 自信和慷慨

这 20 条基本的个性符号，融入在男孩日常生活的每个细节里。培养未来的小男子汉，仅喊口号是没用的。通过对细节的重视，逐步引导男孩天性的成长，才能使我们亲爱的小宝宝慢慢成为一个真正的男子汉。

第二章

3岁看大——不要忽视3岁前的儿子

3岁之前的男孩就像水，你给他的容器是什么样，他就会变成什么形状，具有最大的可塑性。3岁之前的男孩就像一粒神奇的种子，他将来的成就，取决于你提供的土壤。不要忽视3岁的男孩，就是要求家长在他们的性格与兴趣还未定型时，进行最佳时机的介入，给予最充足的关注。

3 岁前男孩教育的重点

刘女士的宝贝儿子小伟年满 3 岁了，长得健康可爱，该上幼儿园了。本来是件挺高兴的事，她却逐渐感到了非常大的苦恼。原来，由于刘女士在外地工作，远离家乡，且工作很忙，小伟出生之后就留在老家，由爷爷奶奶照料。一直到他 3 岁，爸爸妈妈都很少有时间和儿子单独相处。

现在把他接到了城市，送进了幼儿园，经过几个星期的观察，夫妇俩发现问题特别严重。看看下面列出的出现在小伟身上的这些问题，也许家有宝贝的您，也会感到似曾相识：

因为爷爷奶奶特别惯他，现在跟父母在一起的小伟，还是像跟老人在一起那样，想怎么样就怎么样，老打爸爸妈妈，有很强烈的疏离感，动不动就嚷着去找爷爷奶奶。

刘女士和丈夫不知道该怎么跟小伟亲近，经常感到陌生。

讲道理不听，只有打他一两下，小伟才听话。

刘女士叫他宝贝，小伟马上纠正，说："我不是你的宝贝，是爷爷奶奶的。"

不知道小伟想要什么，也不清楚该怎么纠正他的一些"坏习惯"。

······

其实问题并不复杂，原因就是刘女士夫妇错过了 3 岁之前最重要的亲子阶段，一是没有利用这段时间来充分建立和小伟之间的亲子关系；二是错失了这个关键的教育机会，在爷爷奶奶老式的教育环境下，小伟养成了很多"不良习惯"，现在想纠正过来，已经相当困难了。

男孩 3 岁之前的教育，就是这么的重要，因为他们天生拥有固执的牛脾气，一旦养成了某些习惯，具备了某种趋势，培养了某些兴趣，就

很难再更改。

那么，对 3 岁男孩的教育，又有哪些重点呢？

我的建议是：抓住主干，淡化具体。

抓住主干——重心放在宝宝的身心健康和与父母的良好互动上，努力培养宝宝开朗的性格；

淡化具体——对宝宝具体的兴趣，不要加以太严格的限制，可由着他们的性子进行尝试，并且不要过多干涉，在一个大的原则框架内，可任由宝宝"尽情尽兴"。

其中，又需要注意很多的规则和技巧，你也要好好把握哦！

你需要做到：

第一，多拥抱你的宝宝。

小男孩刚出生一个多月时，就已经开始东张西望了，他很想爬来爬去不受约束，也很少专注妈妈，看上去一点不需要妈妈去抱他。其实，这时的男孩比女孩还需要更多的拥抱。尤其 1 岁半之前，怎么宠爱他都是不过分的，拥抱宝宝，会让他有更充足的安全感，依靠感，从而让他冒险和创造的天性激发得更充足。

这时的宝宝，他看我们眼睛的时间少，而且容易被别的事物所吸引。他更喜欢看那些移来动去的物体，有些家长在这方面，就常会陷入一个误区，觉得男宝宝是希望大人不要管他。可实际上，男孩的大脑成长得比女孩慢，情感也比女孩更脆弱。3 岁之前的男孩的内心，一点也不"坚强"，他们需要更多的关怀。

经常拥抱他，通过肌肤的触摸，让他得到心理的满足，获得巨大的安全感。有时，我们还会抱着他四处走走，让宝宝在你的怀抱里看看这个世界，效果会更好。

拥抱，这可是培养男孩健全性格的重要一步哟！

第二，多和宝宝互动，增进亲子关系。

在以前中国的亲子传统中，家长都希望孩子安安静静，只要待在一边老老实实就行了，缺乏和宝宝的互动性。事实上，这不利于宝宝未来的心理成长，会埋下性格孤僻的种子。特别是在3岁之前，家长应该时刻注意和宝宝的互动游戏，以增加和宝宝的亲子关系。

我们应该想到，小男孩就像远古时期的英雄小猎人，他们需要广阔的空间，也需要源源不断的惊喜。适当的互动，会促进宝宝大脑和肌体的健康发育，增加宝宝的空间判断以及思维的能力，还能积累宝宝的感官经验。

更现实的，是可以增进宝宝和你们的感情哟！

第三，让宝宝走进集体。

现在大多数家庭只有一个孩子，作为独生子，出于爱护和安全考虑，很多家长不愿让宝宝参加集体行动。像小伟这样寄居在爷爷奶奶家里的孩子，更是如此了，因为父母都不在身边，爷爷奶奶基于安全第一的心理，把他看护得像一只笼子里的小鸟一样，始终都是一个人，连小伙伴的影子都看不见，时间久了，性格怎能健全呢？

男孩天生是群居动物，他们的天性是开放的，是有领导欲的，也是需要融入集体的。3岁之前的男孩，更需要培养他们在集体中的相处能力，哪怕他们还没有明显的集体意识，哪怕他们总是跟小伙伴发生纠纷，也比始终让宝宝独居在家效果要好。

让宝宝走进集体，培养他们在社交、生活方面的潜意识，学会责任感和道德观，学会爱，学会交流，并在集体中找到自己的归属。如此，在他们将来需要处理团体关系时，就能更快地接受社会的复杂，更容易理解各种各样的人际关系。

在男孩的性格培养中，这是非常重要的一环。

第四，给宝宝一个优秀的男性偶像。

3岁之前的男孩，他的世界里总是有很多女人，妈妈，姥姥，奶奶，保育员，幼儿园老师，形形色色，从早到晚围在身边。她们当然会

给宝宝最好的照顾，但作为天性阳刚的小男孩，小男子汉，他最需要的是什么呢？是一个优秀的男性偶像，可以让他模仿，并且在潜意识中树立一个成长的榜样。

在人生的不同阶段，男孩都需要在身边寻找一位男性的榜样。3 岁之前，这个最好的榜样就是父亲，或者舅舅。当你的宝宝突然对你说："妈妈，我喜欢和爸爸在一起。"你不应该感到失落，而是应该感到欣喜，因为他已经把爸爸作为了他的榜样，对他的人生观价值观的成长和树立，这是一件非常好的事情。

现在还当仁不让地充当儿子保护神的妈妈们，请多让宝宝和他的爸爸交流吧！

第五，培养宝宝的同情心。

听起来，这一条不像是我提倡的主干部分，因为对于一个人来说，同情心是很具体的一种美德。但是，家长们一定要格外重视，因为一个富有爱心的宝宝，他会在 7 岁之后的飞速成长中，更快捷、更成功地融入集体，成为一个受集体欢迎的男子汉。

比如，一只小猫生病了，别的孩子都试着去抚摸它，希望它快点好起来，而你的宝宝却冷眼旁观，一副无所谓的样子，甚至，他还可能去故意伤害它。如果家长对宝宝的这种表现视而不见，那就很危险。因为这是典型的缺乏同情心的行为，长此以往，你的男宝宝有可能养成生性冷酷的性格，并且因此不合群，被其他小朋友排斥，引起一系列的连锁反应。

男孩本来就很少像女孩那样用语言和倾听表达内心的关切，在 3 岁之前，特别需要家长利用一切机会去向他灌输爱心和同情心，从而让你的宝宝比其他人更快地学会感恩，带着一颗开放和包容的心态，进入他的少年时代。

怎样为3岁的儿子开发智力

听起来，这让人苦恼，因为3岁前的小男孩，他们让人难以琢磨，你不知道他在想什么，摸不清他的小脑袋瓜里，装着多少秘密。其实，这是因为我们对这个小家伙还不太了解。

一个人在成长的过程中，有一个智力发展的最佳时期，这个最佳时期非常关键，对人一生的智力发展都起着决定性的作用，千万不能错过。根据儿童潜能的递减法则，年龄越大，智力开发的难度就越大。男孩智力发展的最佳时期，就是在3岁左右。

明明已经14个月了，却还不会说话，不会走路，爸妈拉着他，他才肯走。而且，明明的胆子特别小，走起路来好像也没重心，东摇西晃，看上去像掌握不了平衡。妈妈李女士担心他脑部的发育有问题，就带着他去了医院，做了全面的检查，结果医生告诉他，孩子各方面的身体发育正常。

李女士困惑了，既然如此，为什么明明的表现这么异常呢?

医生告诉她："孩子不是大脑出了问题，应该是你们家长在培养的过程中，很多地方没有到位，造成了孩子的智力发展滞后，已经14个月了，还表现得像6个月的孩子一样。"

那么，怎样为3岁之前的儿子开发智力呢? 这是家长们最关心的事情，因为3岁之前的男孩，是学不进任何细化的东西的，他们只有两个兴趣，一个是玩，另一个是吃。玩得好，吃得好，孩子才有好心情。

说对了，3岁前的智力开发，就是围绕着这三个方面：玩，吃，好心情。

合适的玩具

适合宝宝的玩具，是智力开发的最佳工具。一方面，家长要考虑宝

宝的兴趣，为他们购买喜欢的玩具；另一方面，家长要选择那些益智类的、能够开发宝宝智力的玩具。将兴趣与益智结合起来，让宝宝在玩的过程中，获得智力的开发。

需要注意的是，玩具不一定就要追逐时尚。比如上世纪 80 年代，流行两种非常好的益智玩具：九连环与华容道。九连环是九个连环套串在一起，要想解开它并非易事；华容道是出自《三国演义》关羽在华容道捉放曹操的故事，要走出这华容道可得费一番思量。在当时，不仅小孩子，就是很多成人，也对这两件玩具非常着迷，可见它们的益智作用。

合理的食物

孩子爱吃的食物就是最好的食物吗？不一定。在开发智力时，作为父母，我们要随时随地了解宝宝的需要，解除他的不愉快，以最敏锐的感觉判断他需要什么。这是父母亲子教育成功的开始，但是，这并不意味着父母要满足孩子的一切要求。

德国有句谚语："人的性格取决于食物。"食物同人的联系，关系到方方面面，尤其宝宝，不仅是性格，还包括健康和智力。3 岁前的男孩，大脑的发育还在进行，全面而充足的营养，是发育健全的基础。所以，家长要具备"菜食益智"的意识，通过食物的合理搭配（后面我们会详细地谈论），让您的宝宝拥有最强劲的成长动力。

比如一位成功的父亲，在他的儿子 4 个月的时候起，就已经在食物方面进行科学搭配。在孩子吃母乳前，先给一点蜜柑汁，后来又添加点香蕉泥、苹果泥、胡萝卜泥、青菜粥等。再过一段时间，开始给他喂汤，吃熟鸡蛋、马铃薯等。另外就是谷类食物，这是宝宝最好的食物，虽然他不太爱吃，但这位父亲经过一些变通，合理的搭配，成功地让儿子喜欢上了这些食物。而且，这位父亲的一个原则是，直到宝宝两周岁之前，不让他吃肉。

在他的坚持下，儿子从小就成长得比同龄孩子健康和过得快乐，特别是思维方面，反应更快，更容易接受新事物。后来，他的孩子还获得了当地市一级数学大赛的一等奖。这与他从小就坚持的食物益智是分不开的。

人们总以为，给宝宝开发智力就要让他们接触书本，识字，听音乐，学绘画。其实，这只是益智必不可少的一部分。一个宝宝从初生的婴儿渐渐长大，这个过程中的方方面面都可以纳入益智的范畴。

就拿孩子吃东西来说，人们总以为吃得越多越好，越有益于健康，越能增长智力。以为孩子只要吃自己喜欢的食物，就行了。但却不知道，吃得过多，吃得过偏，都会有碍大脑的发展。

遗憾的是，至今许多父母，包括一些教育专家，都还没有认识到这一点。

健康的心情

健康快乐的心情，是孩子的智力正常发展的最重要的保障。我们可以这么讲，3岁之前的小男孩，他可以穿不好，他也可以没什么好的玩具，但却不能没有一个健康的心情。

物质上的供给，需要家庭条件的支撑，不是每一对父母都能做得面面俱到。但精神上的给予，是每个家庭都有条件做到的。请家长们记住这句话：健全的智力产生于健全的精神。如果我们时刻都给宝宝创造一个充满幸福和满足感的环境，让他每分每秒都能拥有快乐成长的感觉，他的智力发展一定就是健康的，即便不能成为一个天才……嘿，难道我们的宝宝一定要成为爱因斯坦那样的天才吗？

不能错过最重要的语言发展期

一位年轻的妈妈，儿子刚出生时，高兴得像全世界最幸福的人。但是随着宝宝的成长，到3岁左右的时候，她脸上的忧虑之色却越来越浓

了。因为在儿子的语言方面，她遇到了一连串自己看不明白的问题：

宝宝最近说话总是很着急，有时想跟妈妈说什么，连着叫好几声"妈妈"，却没有下文；

在发音方面，相比同龄孩子，宝宝明显有些迟缓，似乎总需要先思考一下，消化一下；

宝宝也会主动把在幼儿园刚学的故事讲给爸妈听，有时讲得既完整又清楚，但更多的时候，爸妈鼓励他再讲的时候，宝宝却以不会讲为由推辞，让爸妈很失望；

每天，爸妈都会教宝宝认识很多字，做发音练习，还会对他讲故事，但据老师反映，在幼儿园，宝宝却一点不爱讲故事，甚至不爱说话，这一点都不像其他孩子。

这位妈妈很疑惑，也非常担心，她怀疑儿子在语言方面出了问题。

她的担心是有道理的，3 岁前的男孩，处在最重要的语言发展期，这时家长是否能采取正确的教育方式，决定着他们在语言方面的进步速度。

现在，我们就来谈谈在这方面应该注意的问题。

通常，宝宝在 12 个月左右才会说出第一个单词，记住，是单词，不是单字。当然，其中存着一些个体差异，会有些孩子说话较早，但长到 10 个月时还不会叫人，也是非常正常的。只要家长平时多跟他交流，提供比较丰富的语言环境就可以了。

1 岁之前：建立良好的语言发展水平，最重要的是丰富的语言环境。土壤肥沃，种子才能长得好。这个道理，一定要贯彻在亲子教育的方方面面，包括语言。家长平时要注意多和宝宝交流，及时发现孩子的需要，对孩子的反应要有反馈。平时，给宝宝听一些故事的碟片也是可以的，但不要让宝宝听得过久，适可而止最好。

18 ~ 20 个月的宝宝处于词汇发展的迸发期，进入了吸收、储存、

理解和求知的重要阶段。宝宝的理解能力很强，能够讲出第一批能被他自己理解的词，标志着他进入了语言发展期。这也是一个逐渐分化的过程，宝宝首先获得的是笼统或一般的语言规则，然后逐渐地分化成较为细致和具体的规则，一直分化到成人语言水平为止。

20个月之后，宝宝不再是被动地模仿成人的语音，而是成为了语音获得的主动参与者。宝宝会努力地想表达出一些新鲜的意思，而不是仅靠父母已经提供的词组。这时，宝宝的发音就会出现一些错误，甚至在语言的表达方面，会给你一种略为迟钝的印象，就像上面那位妈妈遇到的，但这是正常的，是宝宝在尝试独立思考的结果。宝宝关注的已不仅仅是单纯的表达，还有他自己的思考和对语言的组织了。

1岁到2岁：平时和宝宝说话时，家长要尽量多用一些简单的词汇、较短的句子。而且，最好多采用一些语调夸张的婴儿式语言，去向宝宝的兴趣靠拢，更多地需要重复，引起宝宝的注意，利于他的接受，会有比较好的效果。

2岁到3岁：这时，家长可以通过各种具体的方式，比如玩具、周边事物或有趣的绘图，尝试让宝宝进行词义的理解，让他学会正确地使用语言，理解语言。但是，句法的介入仍需推迟，宝宝在3岁之前最需要的是锻炼语言意象的理解能力。比如，我们可以多用比喻的方式来让宝宝使用词，让宝宝由一个事物，联想到更多的事物，并用一个合适的词语把它们串联起来，这对他语言能力的发展，会起到极为重要的作用。

宝宝的语言准备期，还分为产生和理解两个方面的准备。

语言的产生

1. 反射性的发声：比如婴儿的哭声，1个月内的新生儿的哭声是未分化的，天性使然，而1个月之后婴儿的哭声，则逐渐带有条件反射的性质了。从第5周开始，婴儿开始发出一些非哭叫的声音，显示出了

发音器官的偶然动作，像类似后元音的 a、o、u、e 等，随后则是辅音 k、p、m 等。这说明，他们在为说话做着有条不紊的准备。

2. 呀呀学语的阶段：大约 5 个月左右，宝宝就进入了呀呀学语的阶段，就是类似于成人语言中所使用的那些音节的重复。这些声音对宝宝来说没多大意义，但他们却以发音做游戏而得到快感。

语言的理解

1. 语音的知觉：你可不要以为刚出生的宝宝什么都听不懂，婴儿对语言的刺激非常具有敏感性，可以很快从家长的话语中感知你的情绪和意图，尽管是较为模糊的感知，但几乎是与你的发音同步的。他们对家长说话语气和情绪的理解能力，可是天性的。

2. 词语的理解：到了八九个月时，宝宝已经可以表现出能听懂成人的一些话，并能作出相应的反应。比如妈妈抱着宝宝问："爸爸在哪里呀？"宝宝会马上把转向爸爸的方向。如果你对他说"拍拍手"或"摇摇头"，他也会做出相应的动作。这说明宝宝从语音知觉开始，慢慢生出了词语理解的能力，并能对语言情境做出正确的反应了。

经过以上的分析，您就应该清楚，当宝宝度过他 1 岁的生日以后，他就将进入主动性语言发展的阶段。也就是说，宝宝已经可以跟他的爸爸妈妈进行主动交流了，他很想，并且已经能表达他内心的想法，尽管他的语言能力只是起步，但他一点也不想被爸爸妈妈在这方面忽视哦！

还等什么呢？赶紧为宝宝准备一份有趣的语言大餐吧！

儿子的脑袋里有你不知道的秘密

乐乐很小的时候，就喜欢听故事。有一天，陈先生下班后，从幼儿园把 3 岁的宝贝儿子接回家，电视里的动画片还不到播放的时间，乐乐照例又缠着爸爸给他讲故事了。恰巧，陈先生今天的心情不太好，有点不耐烦地一边看着手中的报纸，一边心不正蔫地讲道：

"森林里有一只大黑熊，在树上飞来飞去……"

故事刚开始讲述，就被乐乐打断了："爸爸，你说错了，大黑熊不会飞!"

于是，陈先生放下手中的报纸，认真地问："为什么呢?"

乐乐一本正经地回答："因为大黑熊没有长翅膀啊! 只有长翅膀的动物，才会飞呢!"

"儿子，你真聪明! 说一说，都有哪些长翅膀的动物会飞呀?"陈先生意识到，这是一个考验儿子的好机会。

"嗯，有蝴蝶，蜜蜂，燕子，麻雀，还有老鹰……"

爸爸偶尔讲错的一个故事，就像是一把钥匙，打开了儿子智慧的匣子，一口气把他知道的会飞的动物全说了出来。陈先生吃惊得张大了嘴巴，他没想到儿子的小脑袋里，竟然装着这么多的知识，连他也没意识到，自己的宝贝儿子变得这么聪明了!

这件事对陈先生的启发非常大，从此，他就经常有意识地给儿子把故事讲错，有时错在开头，吸引他进行反驳，巩固他所学到的知识；有时错在中间，激发他进行纠正，锻炼他的思维能力；有时又错在结尾，启迪他进行想象，让他来创造理想的结局。长期下来，乐乐思维方面的潜能得到了极大的挖掘，人人都夸他是个聪明的孩子。

美国有一位著名的学者克拉克，在培养宝宝的潜能方面，他提出了一项非常新颖的教育模式，就是希望家长创造一个有感应、有感情的环境，以利于宝宝潜能的发挥。

这个方法的要点有下面一些：

1. 使家庭的气氛轻松。

2. 注意肢体语言。

3. 为宝宝创造独立思考的机会。

4. 不要控制宝宝，而是让他有选择的余地。

5. 提供有挑战性、有变化的思考活动。

6. 让宝宝有直觉的想象。

从这六点可以看到，父母提供的家庭环境，是宝宝的潜能是否可以得到最大限度开发的最重要的条件。在教导宝宝学习时，我们绝不要刻板地要求他一定做什么事，一定不能做什么事。而是要引发他内在的兴趣，让他去选择，愿意自己去主动思考。如此，宝宝的学习能力就会随之增强，他的潜能也会得到更好的开发。

作为父母，我们还需要给予宝宝更充足的信心。

首先，要做一个良好的示范，让宝宝有一个可以模仿和榜样，并且让宝宝感受到那种欢乐的气氛，愿意更多地思考。

其次，我们要给宝宝提供成功的机会，像足够的工具，材料，还有给宝宝无微不至的关怀、赞美和鼓励，始终成为他身后最有力的支持者。经常给予宝宝适当的赞美和鼓励是绝对必要的，因为这正是在无形中肯定他们的能力，也鼓励他们继续发展。用这样的方式，从小有计划地培养宝宝，就可以增加宝宝的智力和创造力，开发他的潜能。

在具体的操作上，我们提供给家长以下四种参考方式，可以循序渐进地刺激宝宝的大脑，帮助开发宝宝的潜能：

低级刺激：带着（抱着）宝宝观赏花草、听音乐、逛公园，让他倾听大人的谈话，有利于开启宝宝的心智。

中等刺激：让宝宝看电视大奖赛、戏曲或智力比赛、浏览图画，可培养宝宝观察、欣赏、鉴别及语言表达能力。

高度刺激：让宝宝参与到家长的集邮、摄影、收藏、插花、剪报、饲养小动物等活动中来，可以磨炼他的耐心和鼓励他开动脑筋思考自己不懂的事物。

更高度刺激：适当让宝宝参与读诗、作画、泥塑、演奏乐器、球类活动、搞小发明及航模等，可以培养他的求知欲、应急能力和创造精神。

不要强迫儿子屈服

李先生觉得，贝贝越来越难以管理了，因为不管什么事，贝贝似乎都有自己的想法，而且一定会坚持到底，不想听从爸爸的指挥。在李先生对儿子的教育计划中，每天都是要抽出半个小时听古典音乐的，父子俩并排坐在沙发上，一高一矮，倾心静听古风古色的音乐，深深陶醉。这是固定课目。他觉得经过这样的熏陶，一定会潜移默化地提高儿子的心灵修养和音乐细胞，让贝贝将来不仅成为一个男子汉，还能成为一个有品位的小绅士。

有一天下午，他带着贝贝去小区的公园遛弯，天气突变，下起了雨。他便和儿子回了家，像往常一样，打开音箱。但这次，贝贝却像窗外的天气一样，皱起眉头，特别烦躁地走开，表现出根本不想听的意思。为了向爸爸明确地表达自己的拒绝，他还迈着小碎步走进房间，把自己关在了屋子里。

李先生格外耐心地去跟他解释，劝贝贝出来听一会："儿子，听爸爸的话，咱们今天就听20分钟，好吗？听听音乐对你很有好处的，这个道理爸爸跟你说过不止一遍了哦！"

贝贝趴在床上，使劲地喊："不好不好！我要玩水晶球，我不要听音乐！"

李先生苦口婆心地讲了十几分钟，仍然没有效果。他很想发火，可是突然转念一想，觉得还是不要强迫儿子屈服于自己的主张，就干脆地

说："那好吧，贝贝，既然不想听音乐，爸爸就陪你玩水晶球吧。"

贝贝一下子喜笑颜开，马上爬下来，自己去拿出水晶球，在客厅里玩了起来，边玩边说："爸爸，我喜欢自己玩，不想和你一块玩，行吗？"

窗外的雨淅淅沥沥，地板上的儿子爬来爬去，玩得十分投入，好像家里就他一个人似的。

面对此情此景，李先生只能苦笑："好吧，宝贝。"

像贝贝这样的情况，不少家长都遇到过。孩子的心情，是六月的天，说不准什么时候，他就会突然蹦出一个新主意，想跳出你的手掌心。

随着男孩的长大，他会越来越表现出不想服从父母安排的叛逆性。有时，你让他往东，他偏偏朝西；你让他打狗，他偏偏去捉鸡。好像不管什么事，他都要跟你对着干，哪怕你的建议是正确合理的，是为他好，他也不想顺从。

这就是典型的小男子汉的表现，不必大惊小怪，更不可气呼呼地强迫儿子。家长要知道，强扭的瓜不甜，即便对他有利的事情，在他表示抗拒的时候，也不可动辄耍家长威风，让他强制执行。家长发火的时候，宝宝出于害怕挨打的考虑，和对爸妈的畏惧，一般也会顺从，但他的心里是不服气的。如果长期采用这类方法，对他的心理成长绝对有害无益。

对宝宝实行高压政策的害处：

强迫儿子屈服自己的意志，会拉大他跟父母的心理距离，疏远你们的亲子关系。

经常采用这种粗暴的态度，会让儿子的性格变得唯唯诺诺，胆小怕事，甚至养成压抑内敛的精神状态。

这两种不利的结果，我们的身边可不少见，很多孩子都是因为小时候在这样的家庭环境生活过，长大后没有活力，心理不健康，没有主观意愿和男孩该有的创造力，甚至有的因为性格的孤僻，还会走上犯罪的道路。

对这个问题，我们还可以参考一下身边的人和事，因为谁都不喜欢那些见风使舵、没有骨气的人。他们无原则地迎合别人，很容易屈服于权势、金钱和领导意志，没有一丁点的个人创造。对这一类人，我们是不是都很讨厌呢？既然如此，每个家长都不希望自己的孩子将来是这样的人，都想让他们成为一个有原则、有骨气、有主张的人。

所以，当家长在某些事情上的意见与孩子个人的愿意相左时，应该按照一个温和的顺序，依次采取下列方法和孩子进行沟通：

1. 要有一个尊重孩子的心态，对问题进行平等交流。

2. 耐心听取孩子的看法，并且和他一起分析是否合适。

3. 如果孩子的观点是错误的，家长应该用孩子可以接受的方式进行说服，平心静气地引导。

4. 家长对自己的观点，应该有张有弛，不能太坚持。如果孩子是对的，家长应该果断地放弃自己的想法，做一个向儿子"屈服"的好家长。

当你向儿子"屈服"的时候，记住，千万不要有失落感哦！因为这说明你的小男子汉做出了一次独立的正确的选择！

陪儿子研究一下他的新发现吧

当儿子向你炫耀他的新发明、新发现时，你会怎么办呢？

有的爸爸会草草敷衍一句："哦，是吗……"然后继续眼不斜视地盯着电脑屏幕，进行自己的工作。

有的妈妈会停下手中的针线活，拍拍儿子的脑袋，说："别胡闹……"接着就低下头，专心地为丈夫织一件温暖的毛衣。

还有的父母，可能会爱理不理，看都不看，就不耐烦地说一句："去去去，别挡住电视机……"

生活中，到处都有这样的场景，父母们都觉得，儿子已经够顽皮了，他最应该老老实实地坐在沙发上，待在床上，规规矩矩地玩他的玩具，可不能胡折腾了。

你看，儿子费尽脑筋琢磨出来的新发明，在他心目中也许是一件伟大作品的一个创意，在父母眼中却很可能换来这么一句"胡折腾"。

这种时刻，宝宝的心灵是最受伤害的，他最需要的是父母的认可，哪怕是一句真诚的鼓励也好。不然的话，都会让他们正处于萌芽状态的创造力受到沉重的一击，或许就会从此消弭，黯淡。

宝宝兴奋地向父母报告他的新发现，说明这些发现是如此的珍贵，它不仅表明宝宝对世界充满了好奇，还表示他们正在积极地观察和思考。但是，孩子的发现对于成年人来说并不新奇，我们已经见惯了风雨，在功利的物质世界里浸泡了太久，心灵已经麻木。因此，我们往往会以自己的眼光来看待孩子的发现，认为孩子就是孩子，玩性十足，哪怕他是最天真可爱的小男孩，是自己最宠爱的小宝贝。更令人痛心的是，父母往往把孩子的发现当做幼稚可笑的游戏而忽略掉。

其实，孩子各式各样的新奇发现是他认识世界的一种方式，而且，其中不乏很有价值的发现。

欣赏孩子的新发现，就是要让我们善于观察孩子，及时地看到孩子在某些方面的创举。即便是一点点的进步，只要孩子为此感到高兴，自豪，并跑到父母这儿，想与我们一起分享，我们都要像对待重大的发现一样充满热情，去与孩子一起研究他的新发明，分享他的快乐和满足。

在这个过程里，父母还需要表现出极高的赏识、对他的夸奖和激励，鼓励他发现更多的新事物，积极地探索这个世界的奥妙。

比如，当儿子拿着一只玩具，兴冲冲地跑来告诉你："爸爸，原来电动玩具的电池是按这个顺序放的啊！"

这时，无论你在干什么，都应该迅速放下手中的工作，用充满惊喜的眼神望着小家伙：

"是吗，快让我来看看，哇，真是这样的啊！"

"你真是细心，居然能够发现别的小朋友不知道的知识！"

"宝贝，你真是聪明，你隔壁的小军哥哥像你这么大的时候，可一点想不到呢！"

我们的小男子汉听到父母的夸奖，感受到了我们的重视，他一定会坚定自己的信心，为此更加努力地去勤于思考。对于男孩健康的冒险天性，创意的思维能力，积极的上进态度，以及勇敢的探索精神，都是一种最好的鼓励。

人们对有兴趣的事情往往容易全身心投入，最易见成绩。反之，则难有成就。人最可悲的是一生对什么都没有特殊兴趣和爱好，孩子最不幸的是父母凭主观意志扼杀其兴趣和爱好。孩子的兴趣之苗一旦破土而出，作为家长就要精心呵护，不要让其因"杂草"淹没而枯萎，更不要随意破坏它。因为"兴趣是最好的老师"，兴趣可使一个人的智得到最大限度、最持久的发挥。

在这方面，最忌讳的就是家长粗暴地强制宝宝放弃某些兴趣和爱好，堵塞宝宝对新事物的好奇心。只要孩子的兴趣不是有害或不良的，家长就要加以鼓励和保护。而且，要抽出一定的时间，陪他们一起分享发现与发明的快乐。

每个孩子都有一双慧眼，只要父母去赏识他，引导他，激励他，他就总会给我们一些令人惊喜的发现。

延伸阅读：3岁慎谈才艺培养

这个年龄段的宝宝，教育的重点应该放在天性的开发上，切忌考虑孩子将来的就业需要。很多父母为了让孩子多掌握一些生存技能，也不分析合理性，就迫不及待地让他学习各种才艺。如今，才艺培养已经成了宝宝教育的一项重头戏。其实，才艺培养要根据年龄和接受能力来定。

3 岁之前不应进行琴类练习

一些求艺心切的家长为了不让孩子输在起跑线上，想让孩子学琴。甚至一些才 2 岁不到的幼儿已经有了学琴经历。比如小提琴，它实际是需要单手拿琴站立演奏的，对宝宝的指力和臂力要求极高，对手及指头尚小、力量不够的 3~4 岁的宝宝来说过于勉强，所以 5~6 岁学习才比较适当。

还有钢琴等乐器，一般要 4~5 岁才能开始学。而在 2 岁半至 3 岁半左右，是接受音乐启蒙教育的最佳年龄。如果功利性过强地传授乐器技能，反而可能得不偿失。即便男孩，也是如此。

对此，世界著名的钢琴家孔祥东说："3 岁以内的孩子，最好先不要接触乐器，其实，像我自己也是等到了 5 岁半才开始学钢琴的。弹钢琴的时候，孩子眼看、耳听，脚踩踏板，手脑并用，对培养儿童的早期协调能力很有帮助。科学研究也发现，协调性好的孩子将来背课文、背英语单词都快，记忆能力明显地优于其他孩子。但我并不提倡 3 岁以内的孩子过早地接触钢琴。"

根据柴可夫斯基钢琴比赛的一项调查，60%~70% 钢琴大赛获奖者的初次学琴年龄在 6~8 岁，而其中只有一人年龄最小在 3 岁半，其中少部分在 10 岁左右。因此，音乐大师们均认为，在 3~6 岁才是对幼儿进行音乐启蒙的最佳时期。

3岁之前可进行音乐节拍与旋律的感知教育

家长可以通过各种有趣味性的体育游戏活动，比如：小鸡唱歌、造房子等，让五线谱等基本的乐理知识一点一点地渗透到孩子的日常游戏活动中。在这样的过程中，适当锻炼孩子的肢体发育。

宝宝在2岁半至3岁半的时候，是音乐启蒙的最佳年龄。期间完全可以不通过乐器学习，而仅仅是在宽松的环境中，开展各种音乐游戏，让他们感受音乐的节拍和旋律。在儿童诗歌、舞蹈和绘画等"玩"中渗透听音乐，同时伴随着音乐而挥挥小手、踩踩小脚，跟着节拍跳舞；而等到幼儿3岁半以后，才开始学习乐器、认识五线谱；待到4岁半时，逐步增加乐器技能和乐理知识；到了大班，就可以直接参加各种乐器的考级了。

尝试绘画

对3岁前的男孩来说，绘画是一项极佳的锻炼方式。宝宝主要是通过眼睛来看世界的，各种色彩的组合刺激，对宝宝立体思维的培养和挖掘极为有效。

听音乐很重要

在音乐这方面，听比亲自尝试的方式更好。宝宝出生两个月，就能模仿其母亲所唱歌曲中的音高、音调和旋律轮廓；4个月的婴儿能模仿音乐的节奏；到了1岁时，婴儿特别喜爱对熟悉歌曲的倾听、跟唱、动作反应或用玩具、盆罐等器具敲击出声音；2岁左右表现出对乐器的兴趣，喜欢反复唱同一首歌曲。

2~4岁：对具有强烈节奏的音乐感兴趣并有反应，能感觉到音色的差异；喜欢重复地听、反复地唱同一首歌或只会唱一首歌中的片段，但与别人合唱时音调尚难配合。

4~6岁：喜好唱歌，能正确配合音调和节拍与他人合唱；能做出与音乐旋律相配合的动作，能辨认并适当地使用乐器。

　　家长只有掌握了孩子在不同年龄段的实际接受能力，才能"对坑栽萝卜"，对自己的宝宝进行合理的培养。拔苗助长是万万不可的。其实，现在也有儿童教育学家提出，3 岁之前的宝宝，尤其是男孩，家长最好进行不干涉教育，给他提供一个尽情玩耍的环境就可以，不需要对宝宝进行任何他不感兴趣的技能启蒙。

第三章

3岁以前，男孩这样养育最健康

　　3岁之前的宝宝，对饮食十分挑剔，在玩的方面也是贪得无厌哦。父母如何在宝宝的要求和科学养育之间找到一个平衡，对于宝宝的健康至关重要。下面，就让我们从饮食、锻炼、睡眠、穿衣，这些和宝宝的健康息息相关的方面谈谈如何满足3岁小男孩发育的需要，让我们的小男子汉健康成长。

3 岁男孩健康食谱

身体的健康是宝宝成长的基础，而饮食又是保证宝宝身体健康发育的重中之重。所以，如何为宝宝每天都提供一个健康的食谱，就成了每位家长都十分感兴趣的话题。或许有些家长会认为，宝宝想吃什么，爱吃什么，就代表他需要那一种营养。认同这个观点的家长不在少数，他们觉得大可不必对宝宝的饮食太过讲究，除了必需的奶制品，完全可以大人吃什么，小孩就跟着吃什么。这就忽略了均衡营养对宝宝的重要性，而且，我们不仅要为宝宝提供丰富和均衡的饮食，还要合理地安排吃饭的时间和进餐的次数，才能保证宝宝获得足够的营养，并且合理地消化，让身体吸收。

一般来讲，宝宝的进食次数，可随着年龄的增长而逐渐减少。年龄越小，进餐次数应该越多。1 岁以下的男孩，定时进行喂食。

2 ~ 3 岁的男宝宝，每天应吃 4 ~ 5 顿饭。这一天下来，主食应该100 ~ 200 克，豆制品 15 ~ 25 克，肉和蛋 50 ~ 75 克，蔬菜 100 ~ 150 克，牛奶 250 ~ 500 克，再加适量的水果。

同时，一天中各顿的饮食也要有一个合理的分类安排。以 3 岁男孩为例，早饭应让孩子吃得好，一般以糕点、鸡蛋、牛奶、稀饭等配上一些小菜，营养要占到全天总热量 25% 左右；午饭应最丰富，量也最多，应给米饭、碎肉末、青菜、动物肝脏、菜汤等，营养要占到全天总热量35%；下午加餐为牛奶或豆浆、水果等，约占到全天总热量的 10% 左右；晚饭要给孩子吃得清淡一些，如米饭、面条、菜包、青菜、汤粥等，要占到全天总热量 30% 左右。需要注重的是，晚餐不要吃得过多，以免宝宝夜间睡眠不安。

1 ~ 2 岁男孩健康食谱

这个时期的孩子可以安排三餐一点，除了早、中、晚三餐外，下午和晚上再各安排一次加餐。下面是孩子一周的饮食安排，营养相似的食物可以替换，供各位家长根据宝宝的不同情况来进行参考。

星期一：

早餐：芙蓉鲜蛋，维生素方包

午餐：肝泥软饭，时鲜菜鱼片汤

下午加餐：钙片，鱼肝油，苹果

晚餐：葱花，冬菇，肉末细丝面

夜间加餐：一瓶奶

星期二：

早餐：鲜奶麦片，蛋糕

午餐：软饭，豆腐鱼肉蒸蛋，沙参玉竹瘦肉汤

下午加餐：钙片，鱼肝油，蛋花汤，面包

晚餐：软饭，鹌鹑蛋，蒸肉饼，炒土豆丝

夜间加餐：一瓶奶

星期三：

早餐：鸡蛋桂花粉，果酱面包片（馒头片）

午餐：鸡肝，银丝面，韭黄为配料

下午加餐：钙片，鱼肝油，冰花雪耳汤，饼干

晚餐：软饭，咸菜蒸大鱼，青菜末

夜间加餐：一瓶奶

星期四：

早餐：鲜甜豆浆，鸡蛋卷

午餐：软饭，蒸皖鱼，瘦肉，莲子，百合蜜枣汤

下午加餐：钙片，鱼肝油，蜜糖炖雪梨

晚餐：软饭，番茄汤，牛肉菜饼

夜间加餐：一瓶奶

星期五：

早餐：蛋花瘦肉粥，馒头片

午餐：软饭，时鲜菜汤，金针，粉丝，煮鱼松

下午加餐：钙片，鱼肝油，熟大蕉一只

晚餐：青菜嫩段，鸡肉，丝面片

夜间加餐：一瓶奶

星期六：

早餐：芝麻糊，奶油包

午餐：软饭，番茄煮鸡蛋

下午加餐：钙片，鱼肝油，红萝卜土豆猪骨汤

晚餐：软饭，肉末豆腐时鲜菜汤

夜间加餐：一瓶奶

星期日：

早餐：腐竹白果粥

午餐：软饭，马蹄瘦肉饼，青菜蜜枣猪骨汤

下午加餐：钙片，鱼肝油，时鲜水果

晚餐：鱼蓉软饭，雪耳鸡蛋汤

夜间加餐：一瓶奶

此一周食谱，并非一个绝对的标准，家长可视自家宝宝的实际情况，来参考制定自己的一周食谱。另外，根据需要，还可以每天再加2～3次牛奶。

2－3岁男孩健康食谱

这个年龄段的男宝宝，制定健康食谱的时候，标准则宽泛得多，不需要太过死板，因为宝宝的不同需求和饮食的喜好已经表现得非常明显了，身体也有了大大小小的差异。我们预备了一个较为简单和中性的食谱，供家长参考。

早餐：大米粥，鸡蛋面饼。

午餐：软米饭，肉末炒胡萝卜，虾皮紫菜汤。

加餐：牛奶，饼干。

晚餐：肉末碎青菜面。

早餐：牛奶，面包夹果酱，牛奶香蕉糊。

午餐：豆沙包，小米粥，猪肝炒黄瓜。

加餐：水果，点心。

晚餐：软米饭，油菜炒香菇，海米冬瓜汤。

还是那句话，宝宝的身体情况与各自营养需求因人而宜，家长在为自己的宝宝制定健康食谱时，应充分考虑到这一点。另外，就是一定要以营养的均衡摄入为目的，保证宝宝在这个发育的关键阶段，获得营养的最充分保障。但也绝不能让孩子过度摄取，应以合理为这个健康食谱的标准。

带着儿子做早操

早晨，陈先生送朋朋去幼儿园，正好到了早操的时间。把朋朋交给老师，他就站在门口悄悄地观看。只见音乐响起，儿子竟然不像以前那样直直地站着，而是跟老师一起做起了幼儿早操，还跟上了老师的节奏，全程下来，只做错了一个动作。看着朋朋认真的动作，努力的表情，陈先生直后悔没有带来摄像机，无法把这一幕录下来，晚上好回放给儿子观看。

朋朋学习幼儿早操，已经有半个月的时间，每天都在观察，练习，现在终于学会了，顺顺利利地展示了出来。想到此，陈先生长出了一口气，为了能让儿子有一个固定的锻炼身体的方式，他也付出了不少精力。

我们应该知道，为宝宝制订一个长期的合理的锻炼计划，是非常必要的。能让儿子每天都做一做早操，只是这个锻炼计划的一部分，父亲还可以实施很多全方位的方式，来促进宝宝的身体发展。

对男孩来说，从出生到 3 岁，不同的年龄段，都有一套适合的锻炼办法。

现在，我们就看看一个体格健康的小男子汉是如何一步步锻炼出来的：

0 ~ 1 岁

对于1岁前的宝宝，肌肉技能的发展和身体的基本健康，是我们让宝宝锻炼的目的。因为这对宝宝将来的阅读、写作和数学的成功非常重要。

我们先了解一下宝宝身体发展的简单规律：

从上而下——先是头部肌肉开始强壮，接着是身体，然后是腿，最后是脚；

自内向外——先是躯干的强壮，接下来是胳膊、腿，最后是手和脚；

先大后小——大肌肉发展在先，即控制大运动如爬、走、扔、抓和平衡的肌肉，小肌肉发展在后，即控制小技巧如手腕和手进行画、切、穿、搭等动作的肌肉；

个体差异很大——体质不同的宝宝，相关技能方面的发育，差异最大会在1 ~ 6个月左右。

1. 大肌肉锻炼

6个月之前，家长可以慢慢移动一件光亮的物体（如手电筒），从宝宝视野的一侧移到另一侧，吸引他移动脑袋追踪光。还可以在宝宝脑袋的一边摇动拨浪鼓，当他转过来时，再拿到另一边，进行重复锻炼。

这将锻炼宝宝的大肌肉发育，类似的办法还有摇动物体，让3个月大的宝宝去抓；或引逗宝宝微笑甚至大笑；按摩他的身体；放一面不易碎的镜子，让宝宝经常能看见他自己；牵着他的一只手或两只手，在房间里走；在不同的地方放上玩具，鼓励他将玩具收集起来，放到一起。

2. 小肌肉锻炼

让宝宝尝试用一只手的手指去摸另一只手的手指，并把玩具从一只手转移到另一只手。6 ~ 8个月时，开始锻炼他的抓握技能，让他使用手腕来运动。

给他拨浪鼓或其他能吱吱发声的玩具，让他自己发出声音，这不仅锻炼肌肉，还会增加他小小的成就感。抓握技能提高后，便可开始给他玩积木，既锻炼手腕，又利于大脑益智。

对宝宝使用一些简单的手势，让他模仿；向他滚动一个球，鼓励他用手把球滚回来；和宝宝进行玩具电话的通话，和他以这种方式谈话；和宝宝一起玩积木；买一些硬纸板的小儿书，每天给他读，让他翻页，指出书上的物体；吹泡泡给他看，并让他试着抓住。

3. 买辆小自行车，让宝宝坐在上面，每天都骑一会。不会骑没关系，只要宝宝对此发生兴趣，就是成功。

4. 早龄游泳

初生就可开始，让宝宝在水盆内通过游泳，锻炼身体的综合机能。比如可以强大呼吸系统，对身体主动加氧，还能培养出更健康的大脑和更高超的智能。而且，会很少感冒。早龄游泳还可以帮助宝宝较早说话，提高平衡能力。

1~2岁

这个年龄段的宝宝，仍然和1岁之前一样，在参与锻炼时，家长的双手不能离开他的身体。

1. 扶栏跳

让宝宝双手扶床或栏杆站立，家长一边用玩具逗引他，一边示范双脚轻轻跳动，使宝宝借助双手支撑的力量，用脚后跟连续地踮动。你要鼓励他："宝宝，跳一跳，跳得好！"反复几次后，你再把玩具给他。这样可以练习跳的动作，发展大动作的能力。

2. 玩滑梯

在儿童游乐场选一个约有成人腰高的小滑梯，家长从侧面扶宝宝爬上滑梯，再扶着他从滑梯上滑下来。可以锻炼爬的技能，控制身体平衡的能力，还能培养勇敢精神。

2~3岁

这时的宝宝，身体更加强壮，更喜欢活动了，家长可以增加更多的锻炼内容，让宝宝按照自己的兴趣进行长期参与。有些锻炼，家长可以适当放开双手，让他自己全程完成，以培养独立的意识。下面，我们提供几种常见的、易于实行的方法。

1. 交替双足上楼梯

可先在矮的梯子上学习，最好在每阶 10 厘米的矮滑梯上学习，宝宝双手扶着栏上梯，然后自己滑下。如果没有这种矮滑梯可以在普通楼梯上，宝宝的一只手扶栏，大人扶着另一手学习上楼梯，然后再扶栏双足踏一个台阶慢慢下来。这么做的目的是学会轮替双足，维持身体平衡。

2. 跑一跑，跳一跳

这时的宝宝，已经学会了由大人牵着跑，但有些孩子还不敢自己跑。家长可以在宝宝的前面，后退着慢跑，鼓励宝宝的勇气。因为宝宝头重脚轻，跑步时上身前倾，步子跟不上就容易摔倒，家长在前面就能够随时帮扶。练习多次后，家长可用口令让宝宝在跑动中平稳地停下来。爸爸妈妈还可各牵宝宝的一只手，让他学习跳远，但不可太用力，适可而止，避免宝宝的腕部脱臼。

3. 接 2 米外抛来的球

先练习接从 2 米左右抛来接近胸前的球，让宝宝练习估计球的落点然后用双手接住。渐渐学习抛到肩部或膝部的球，让宝宝学会将手及身体活动来接球。以后再练习接离身体左右一定距离的球。这样可锻炼宝宝的反应、判断能力。

4. 跳高

可用一块砖放在地上，让孩子跑到近前双足跳越过去。也可以用类似大小的纸盒让孩子学习跳高。在跳跃之前最好先跑几步，到跳之前着地的脚要用力将身体弹起。家长可以先示范让孩子学习，如果孩子害怕，可先拿去砖或纸盒；让身体先学会弹起，然后再放砖或纸盒练习一定的高度跳跃。

对宝宝的身体锻炼，并无常法，家长可以根据自身条件，制定适合

自己宝宝的方法，让孩子得到充足的锻炼。不过，要让宝宝劳逸结合哦！

每天睡多久最有益于大脑发育

袁女士的儿子阳阳满月之后，虽然精神头挺好，吃奶和大小便都很正常，但宝宝白天的睡眠变得很少了，上午和下午基本就各一个小时，晚上从八九点钟睡到第二天早晨的六点左右，中间喝两三次奶。袁女士感到很担心，因为她早就听说，这时候的宝宝一天应该睡 18 个小时左右，而阳阳还不到 15 个小时。

宝宝需要一个充足的、高质量的睡眠，这对大脑的发育非常重要。那么每天睡多久才最有利于大脑的发育呢？请看下面这个图表：

不同年龄段的婴幼儿每天需要的睡眠时间：

月　　龄	0～3 月	3～6 月	6～12 月	1 岁以上
每天睡眠时间（小时/天）	16～20	14～15	13～14	11～13
日间小睡（次）	3～4	2～3	2	1

国内有关儿童的睡眠状况调查表明，1～6 岁的儿童睡眠时间普遍不足，特别是男孩，有近七成的男孩存在着睡眠问题。而且，往往都被家长忽视，这对他们的身体发育是不利的。

特别是晚上的睡眠，对宝宝的生长发育最为重要。如果发现了这方面的问题，一定要找出相关的原因，比如可能缺钙，或者白天玩得太兴奋，都会导致宝宝晚上睡不安稳。

充足的睡眠对宝宝有多重要呢？

生长激素在睡眠时分泌最多

俗话说，"贪睡的孩子长得快"。这话是有科学道理的，因为，睡眠关系到生长激素的分泌。我们人类的生长发育依赖于脑垂体前叶分泌的生长激素，而生长激素的分泌有其特定的节律，它只有在睡眠时分泌才最多。医学研究认为，人体睡眠时分泌的生长激素为醒时的3倍多。刚出生的婴儿，一天24小时都有生长激素分泌，但从儿童期开始，只有在睡眠时，体内才分泌生长激素。研究还表明，生长激素的分泌在人体深睡一小时以后逐渐进入高峰，一般在晚上10时至凌晨1时为分泌的高峰期。

多睡增强宝宝的免疫力

我们都知道，患病后多睡觉是促进康复的一剂良药。但个中原因究竟是什么呢？研究发现，这种现象与一种名为胞壁酸的物质有关。他们从人的晨尿中提取这种物质，科学家们称其为睡眠物质，因为它既能催眠，又可增强人体免疫功能。当人发烧患病时，多睡觉就会使体内胞壁酸分泌增多，从而使人体免疫机能增强。所以，如果宝宝没有充足的睡眠，免疫机能也会随之降低。不可忽视这一点哟！

熟睡促进智力发育

人在熟睡之后，脑血流量明显增加，因此睡眠还可以促进脑蛋白质的合成及儿童智力的发育。国外的一项调查显示：宝宝每天的睡眠充足与否，与他这一天的学习能力的优劣呈正比。如果睡眠不足，大脑疲劳长时间得不到恢复，将会导致反应迟钝、注意力不集中、记忆力和理解力下降。所以，当你发现宝宝对一个好玩的游戏心不在焉时，一定要首先想到，他是否昨天没睡好呢？

睡觉好脾气好

国内儿童睡眠状况调查发现，2岁男孩的平均睡眠时间比标准少一个小时以上。但其父母却有94.3%认为自己的孩子睡眠时间是足够的，原因是"我的孩子白天精神很好，玩得也很开心，睡眠肯定没问题"。事实上，医生们发现，通过正确的干预措施使得孩子的睡眠时间有所增加后，孩子在白天玩得更开心，并且脾气也变得好了，玩玩具时

注意力也比以前集中。大量的临床资料显示，睡眠不足可引起疲倦、注意力不集中、易激动，以及不能调节控制情绪、易冲动等类似多动症的症状。因为没睡好的缘故，宝宝就会经常向你发脾气哦！

睡眠不够易肥胖

很多家长都以为，宝宝睡得多容易肥胖。殊不知实情却正好相反。德国一个医疗小组最近公布了对 7000 名年龄在 2～5 岁儿童的调查结果，发现睡眠不足 10.5 小时的儿童，有 14% 出现超重情况，比睡足 11 小时的儿童高出两倍。研究人员指出，睡眠时间越长，体内就会产生越多的荷尔蒙，而荷尔蒙恰恰有燃烧脂肪的作用。

睡眠不足易近视

睡眠不足还是导致儿童近视的"罪魁祸首"。眼科专家的研究表明，眼睛局部交感神经和副交感神经的功能失去平衡，是近视眼形成的病理基因。由于宝宝睡眠不足，可引起全身植物神经功能紊乱，进而影响眼睛局部的交感与副交感神经，从而引起眼睫状肌调节功能紊乱，导致将来近视眼的形成。目前，眼科专家已经把睡眠不足列为造成儿童中、低度近视的首要原因，其次才是看电视时间过长，躺着看书，体内缺锌元素等。

最后，听听我们的建议吧：

一般来说，新生儿平均每天要睡 18～20 小时，除了吃奶之外，几乎全部的时间都用来睡觉；2～3 个月的宝宝每天要睡 16～18 小时；5～9 个月的宝宝每天要睡 15～16 小时；1 岁的宝宝每天要睡 14～15 小时；2～3 岁的宝宝每天要睡 12～13 小时。不过，人与人之间都存在个体差异，不能强求一致，相同月龄的宝宝每日睡眠时间可能会相差 2～3 个小时。有些宝宝虽然睡觉少，但精力旺盛，食欲良好，没有一丝困倦的表现，像袁女士的阳阳一样，也就不必过于担心。

不要让儿子穿得过暖

春节刚过，乐乐去外婆家待了两天，玩得很开心，可是回来就感冒了。不仅整个人蔫蔫的，直打喷嚏，还有了不少的眼屎，皮肤也变差了。妈妈很着急，就询问到底怎么回事。原来，外婆看到孩子穿得衣服挺少，觉得这天怪冷的，怕冻着他，一边埋怨当爸妈的不心疼孩子，一边就给乐乐加了两件衣服，没想到弄巧成拙。

说到这里，有些家长是否也心生同感呢？我们为宝宝穿得越多，有时反而越不保暖，还会生病。这是怎么回事呢？在穿衣方面，宝宝和成人有什么不同呢？

有句老话说："若要宝宝安，常带三分饥和寒。"吃得太饱，穿得太暖，都不利于宝宝的健康。看上去好像家长很为孩子着想，其实非常不科学，是不了解宝宝的身体发育状况的表现。

为什么宝宝相对穿少一些就可以不生病呢？因为这时的宝宝正处在一个生长发育的旺盛期，新陈代谢很快，身体的每个器官都在憋足了劲地发展壮大。加上小男孩又特别喜欢活动，不安分的小家伙一刻都不想停下来，非得玩个尽兴不可。这时，穿得过暖的话，就容易引起出汗、毛孔张开等状况，此时若再遇到冷风一吹，那就很容易造成感冒了。而且，过暖还会让孩子的眼屎分泌增多，眼睛干燥。

而让宝宝适当地少穿一些，稍微感觉到一些冷，全身的毛孔便都是收缩和紧闭着的。即便活动过后，也不容易出汗。如果遇到冷风吹，因为毛孔都处在收缩状态，冷风和寒毒很难直接入侵到体内，对身体的伤害就不会太大。

因此，根据天气的不同变化，适当地让宝宝少穿一些，对他的身体是有好处的，还能增加宝宝抵御寒冷的能力。

宝宝的穿衣建议：

1. 会爬以前，运动量较少，宝宝穿衣的件数和三十岁左右的正常成年人差不多就可以。

2. 会爬以后，男宝宝大多好动，容易出汗，因此穿衣应该比成年人少一件。

3. 家长应该注意锻炼宝宝的抗寒能力。除了别给宝宝穿太多的衣服，还要适当地保持室内良好的通风状态和空气的清新。

4. 晚上睡觉时，最好稍微开一些窗，以便净化室内空气，补充氧气，利于宝宝睡眠。但要记住，莫让风向对着宝宝。

5. 如果宝宝以前的穿衣一直过多，那么从现在开始，可以采取循序渐进的步骤，给宝宝适当少穿一些。最好是从秋天开始，慢慢培养宝宝的御寒能力。在冬天的时候，应该经常带宝宝外出，吹一吹微微的冷风，晒一晒太阳。

6. 另外，当夏季碰上高温天气时，千万不要让宝宝完全裸露，光着屁股跑来跑去，至少应让宝宝穿一件衣服，遮住胸腹。

儿子"发烧"莫惊慌

小波的妈妈是一家医院的儿科大夫，在孩子的健康问题上，她一直有自己的主见。宝宝还不到一岁的时候，就发烧感冒过，那时一家人都很着急，催促着她把小波送到医院做一下全面检查。但她却说："不急。"不仅不送医院，她还反对动不动就给孩子输液打针的做法，有时连药也不让吃。

全家人虽然着急，但在她这个医生面前，也急不出个道理来，只好就顺着她了。后来，小波上了幼儿园，有一次生病发烧，一直烧了四五天，比以前任何时候都严重。全家人又急成了热锅上的蚂蚁，她还是没有慌张，这次让吃药了，却坚决不吃西药，而是用中药来治疗，辅以饮食上的调节。只吃了两服，小波就恢复了健康。

这位女士说："男孩发烧有很多原因，不一定就非得去医院才能解决。而且，一发烧就去打点滴的话，抗生素对孩子的身体也会造成伤害。"

相比之下，很多家长在这方面就有点慌不择路了，看到儿子发烧生病，就赶紧扔下工作，带着宝宝往医院赶，恨不得马上吃药打针。家长不能正确地认识发烧的病情，总是希望一看医生，一吃药，孩子立刻就退烧了。

急功近利的态度是不可取的，因为疾病总要有一个从发病到痊愈的过程。儿子发烧莫惊慌，细细思量找原因！这是父母最应该具备的态度。

还有的家长，在确诊了宝宝的病情后，等不及让孩子把一个疗程的药吃完，只要不见明显的效果，就又抱着孩子换医院、换大夫，这也是极其错误的做法。首先，孩子发烧别急着输液，因为退烧需要过程，控制好体温，别让孩子出现高热惊厥，然后遵医嘱吃完三天的药，三天内如果出现新症状再去看医生。

其实，儿子"发烧"一点都不可怕，因为发烧是人体抗御疾病的一种反应，由于体温升高，白细胞的吞噬作用大大加强，体内的新抗体也会增加，人体的另一防御机构——网状内皮系统——也大大活跃起来。总之，发烧使宝宝的防御机能大大加强，为消灭病原微生物，并使炎症痊愈创造了有利的条件。与此相反的是，出生1个月以内的宝宝及重度营养不良的孩子，体温不但不升高，反而表现为体温下降，甚至下降到35℃以下时，那就十分严重了，随时都会发生危险，应该及时送到医院进行抢救。

当宝宝发烧时，只要他的精神还不错，温度不超过39.5℃，家长就可以先自己做一些初步的处理。宝宝发烧有个特点：手脚冰冷，面色苍白，说明他的体温还会上升；手脚暖了，出汗了，说明体温得到了控制，并且很快就会降温了。

下面，我们谈谈面对宝宝发烧时，根据宝宝不同的情况，家长的处理方法。

一岁半之前的宝宝

家长在孩子睡着以后，用大人的手心焐在孩子的前囟门处，一直焐到孩子的头微微冒汗了，这时再看宝宝，鼻子通了，呼吸匀称了，温度也下降了，家长再把宝宝叫醒，多给他喂一些温开水或再喂一些红糖水。最短只用 15 分钟，宝宝就能焐出汗，感冒症状也能很快减轻，最长的可能需要一个小时。所以在给宝宝用手心焐前囟门时家长不要着急，最好是孩子爸爸的手，男士的热量大，宝宝容易出汗。

受凉感冒引起的发热

孩子发热时手脚是冷的，舌苔是白的，面色苍白，小便的颜色清淡，家长可以用生姜红糖水祛寒，效果是不错的。在生姜红糖水里再加上 2 ~ 3 段切成一寸长的葱白，葱白有发汗的效果，与姜糖水一起煮好后给孩子喝。

上火引起的发热

如果孩子发烧，手脚不冷，面色发红，咽喉肿痛、舌苔黄或红，小便颜色黄，气味重，眼睛发红，说明孩子的身体内热较重，就不能喝生姜红糖水了，应该让孩子大量地喝温开水，也可以在水中加少量的盐，冲成淡淡的盐开水，给孩子喝，能消除内热。只要大量喝水，孩子多解几次小便，小便颜色变淡了，身体的热随尿排出，体温就会下降，所有的上火的症状也会好转。

2 岁以上的宝宝

家长可以帮宝宝按摩，先搓脚心，把热往脚下引，把孩子的脚搓热了，然后再搓他的小腿，上、下来回搓。把小腿搓热后，再搓孩子的小手、膀子、后背，最后将孩子的两只小耳朵搓热，再搓搓孩子头顶正中的百会穴。家长在帮孩子按摩时不可太用劲，轻轻地搓。搓的速度不能太快，一下一下慢慢地搓。不要着急，一边搓，一边让孩子多喝些温开水。如果还持续发烧，家长可用温水给孩子的全身擦一遍，用毛巾把孩子的皮肤擦红、擦热，来给孩子的身体散热。如果孩子还是手脚发凉，说明孩子受寒较重，可连续给孩子多喝几次生姜红糖葱白水，这样处理后，孩子多半都能降温。需要记住的是，喝葱姜红糖水加按摩治疗发热的办法，应该是先喝了葱姜红糖水后再进行按摩。

不要用酒精擦拭

有些家长习惯用酒精擦拭小孩的身体来退烧，虽然效果会比水来得快，但是常常擦拭酒精很容易造成肝硬化，那可真是得不偿失的一件事。因为皮肤是会吸收药物的，不管是化妆品、药膏或酒精等都会吸入身体。特别是宝宝的皮肤，比较娇嫩，抵抗力差，家长更要谨慎。

发烧后的饮食调节

孩子感冒发烧后会影响消化系统的功能，会使孩子食欲下降，所以生病后要给孩子吃一些清淡的稀饭、面条类的淡食。鱼、虾、肉都要尽量少吃，等孩子病情稳定了，好转了，再慢慢地为他补充营养。

儿子的身高不能忽视

上完音乐课，天快黑了，涛涛晃晃悠悠地从园里出来，爸爸的车此时就在园门外等着接他回家呢。以往，他都会迈着小碎步扑进爸爸的怀里，但今天，他却哭丧着脸，撅着嘴，泪花闪烁，一副谁都跟他过不去的模样。爸爸过来牵他的手，他也不理，紧握着小拳头，垂着头，慢吞吞地自己爬进了车后座。

爸爸很奇怪："涛涛，怎么啦，是不是和小朋友打架啦？"

经过一年多的精心照顾，以前女儿气十足的涛涛，现在已经充满小男子汉的气概了。据老师说，上个礼拜他就跟小伙伴因为谁先上滑梯的事情打了起来。

涛涛的眼泪这才流了下来："爸爸，他们都笑话我长得矮！"

原来，在上音乐课之前，幼儿园进行了一次身高分组测量，年龄相同的小朋友分在一组。结果，涛涛的身高是同组中最矮的。于是小伙伴们纷纷笑话他，给他起了个外号叫"矮罗汉"，还说他永远都长不大。

爸爸听了，急忙把儿子抱在怀里，安慰他说："宝贝，那是他们不懂，咱们涛涛长个子的时候还在后头呢，只要你不再挑食偏食，就一定能超过他们的，知道了吗？"

涛涛眨着眼睛问："真的吗？"

爸爸郑重地说："当然了，以后可不要挑食了。"

涛涛使劲点了点头，破涕为笑。

3 岁之前的宝宝，家长可能不太注意身高的问题。当宝宝到了六七岁，上小学的时候，很多父母才发现宝贝儿子在身高方面发育不良，有些家长就直接归为遗传问题。

宝宝能否长得高，遗传固然有影响，但是后天的营养和锻炼的关系也非常之大。在同等遗传条件下，宝宝在 3 岁之前的营养摄取和锻炼程度，决定了谁的身高发育更好。

下面，我们就介绍一些与宝宝的身高有关的知识，希望对家长们有所帮助。

不能挑食

人的长高过程有两个高峰期：一个是婴幼儿时期，另一个是青春期。在这两个时期，多增加促进长高的营养是基础。要给宝宝多吃些富含各类营养的食物，比如豆类制品、蛋、鱼虾、奶类、瘦肉等动物性食物，富含维生素 C 和 A 以及钙等无机盐的蔬菜、水果等。尤其是钙，给幼儿和学龄儿童添加适量的钙质和鱼肝油，对他们的身高增长是很有益处的。

保证充足的睡眠

有句话叫做"睡得好，长得高"。科学家们发现，生长激素出现分泌高峰是在宝宝的睡眠时——晚上十点之后，而且持续较长的时间。希望孩子长个子，一定要在晚上十点以前就寝。充足的睡眠可是促进宝宝长高的重要途径哦！

适当做运动

3 岁之前的宝宝在这方面应当选择轻松活泼、自由伸展和开放性的项目，比如大人辅助下的游泳、舞蹈等。而那些负重、收缩或压缩性的运动，比如举东西和牵拉性的、过度锻炼宝宝肌肉的活动，对于他的身高增长都是不利的。

心情要愉快

影响孩子生长的重要的生长激素，在睡眠和运动的时候分泌较高，但在情绪低落的时候分泌较少。如果您的宝宝经常处于受到批评、责备，父母争吵的环境中，心情压抑、情绪低落，就会严重影响他的长个了。

对 3 岁前的宝宝来说，我们尤其要注意的是饮食要均衡。家长可以根据宝宝的不同年龄，制定符合他们身体需求的食谱。

谨守均衡饮食的原则：

1. 家长以身作则，不要偏食。因为宝宝从小的饮食习惯受父母的影响是最大的，想让孩子长得好，不偏食就是最基本的原则，父母要带头引导孩子，做一个好榜样。

2. 别在孩子面前对食物做负面评价。比如："柿子那么酸，你也敢吃啊？"父母随口的一句话，就会让宝宝对特定的某种食物建立一种牢固的特定印象，成为以后他拒吃的借口。还有，父母更不可把食物当做奖励或处罚孩子的工具。

3. 给孩子灌输均衡饮食的观念。家长要多注意宝宝的零食，教导他不要偏食，要合理进餐。比如，少吃油炸、油煎的东西，六大类的食物都要摄取。如果父母无法掌握孩子零食的情况，长期下来可能就会造成他的营养状况不良。

4. 避免孩子发胖。摄取过多热量、脂肪及糖分，都会让宝宝发胖，加大身体负担。虽然胖宝宝一开始的身高比其他小朋友突出，但这是因为骨龄的进展比实际年龄快，生长期提前而且被压缩，未来不见得就长

得比较高。这样的宝宝，他的后期发育是会受到影响的。

看来，饮食问题对身高最为重要。那么，什么样的食物有助于宝宝长高呢？

营养学家认为，宝宝的生长发育离不开四大营养素：蛋白质，矿物质，脂肪酸和维生素。

1. 蛋白质是生命的基础，瘦肉、鱼类、牛奶、大豆、鸡蛋中等都含有丰富的蛋白质。

2. 钙、磷、镁等矿物质是构成骨骼架构的最基础元素，骨骼中三分之二的矿物质中 99% 是由这三种矿物质构成的，因此充足且适当的矿物质的补充对骨骼的拉长非常重要。牛奶、鱼类都是含钙丰富的食品。另外，如铁、锌等一些重要的微量元素的作用也十分重要，它们可以从许多生命活动的环节中调节孩子生长发育的速度。动物内脏、鱼类、坚果类食品等含这些微量元素都很丰富。

3. 摄入充足的脂肪酸对儿童身高的发展是很有必要的。除非孩子本身的体重已达到肥胖，否则不应该严格限制孩子选择脂肪性食品。父母应科学地选择天然的含必需脂肪酸高的食品，如鱼类、鸡蛋类等。

4. 维生素对孩子的成长发育有必不可少的作用，所谓"维持生命的要素"就是这个道理，其中维生素 A、B、C 等尤其对孩子长高方面发挥重要作用。柑橘类水果、胡萝卜、菠菜等含维生素量都很丰富。

世界上还没有一种可以让宝宝"长高"的完美的食品，任何一种营养，起到的其实都是助长作用。在保证饮食均衡的基础上，家长还应该让宝宝确立健康的成长信心，自信地面对身体的发育，让他做一个天天好心情的宝宝。

 延伸阅读：3 岁宝宝的心理健康

家长常把注意力放在宝宝看得见的健康需求上，而对看不见的部分往往容易忽略。您应该明白，3 岁前的宝宝除了在生理上满足吃好，睡好,生活有规律,环境清洁卫生以外,还要满足心理上的需求哦,心理的健康其实更重要。

那么,他们在想些什么,有哪些心理上的需求呢?

1. 父母的笑脸必不可少

比如清晨醒来,睁开眼睛时,宝宝最想看到的就是父母的笑脸。这是一天最美好的开端,会直接影响宝宝的心情。这时,家长不必着急催他起床,而是应该笑脸相迎,并辅以言语的安抚,说一些赞扬的话。等宝宝完全清醒,心情愉快了,再为他起床穿衣,洗手洗脸。

2. 亲吻和皮肤的接触

家长离开孩子去上班时,或在平时,都要经常拥抱或亲吻宝宝的脸,和他皮肤接触,以满足他的情感需求;说上几句鼓励他的话,离开时要微笑着和宝宝说再见。宝宝会从中感受到亲切和欢欣。

可是很多父母,往往忽视宝宝这方面的心理需求,以致让宝宝心情烦躁,紧张厌烦,甚至惶恐不安,从而情绪消极,进而影响他的身体健康。

3. 陪父母说话和玩耍的心理需求

3岁前的宝宝特别依恋父母,常想和父母亲近,说说玩玩。这一点,男孩女孩都是一样的。家长应该每天抽出一定的时间,听听宝宝的述说和提问,哪怕他说的是"天书",也要以孩子能接受理解的方式,与他交流,宝宝会很开心。

4. 需求一个温暖的家庭环境

这点尤其重要,和睦的家庭是宝宝幸福的摇篮,宝宝需要在父母恩爱、家庭成员和睦、相互尊重的环境里生活,这是孩子身心健康发展的必要条件。

父母不和,家庭成员之间经常发生矛盾,出言不逊、行为粗鲁,会让宝宝紧张、担忧;或者由于情绪不好,大人将怒气出在宝宝身上,把宝宝当成"出气筒",更让宝宝委屈、不知所措。尤其是父母矛盾深化到闹离婚的时候,互相争夺孩子,以孩子喜爱之物引诱他站在自己一

方，反对对方，使宝宝不知何从，分不清是非，易形成自私、虚伪、说谎及见风使舵的不良行为，严重的会影响孩子的个性发展，并使孩子的心灵受到创伤。

5. 渴望尊重的心理

宝宝希望得到父母的尊重，无论任何事。孩子从小受到尊重，才会产生自尊心，长大后也会尊重别人。父母要求孩子帮助做事应该用请求或商量的语气，不可强迫命令。孩子做完事后，父母也要对孩子说"谢谢"。要知道，宝宝会很满足的哦！另外，父母做错了事或说错了话也要承认错误，若错怪或冤枉了孩子，事后应该向孩子道歉。

切忌的是，家长千万不要干出侮辱孩子人格尊严的事。宝宝虽小，却也有人格潜意识，一旦丧失了人格尊严的心理需求，后患会非常严重。

现在您知道了吧，宝宝的身体健康和心理健康同等重要，只有身心和谐发展，才能成长为一个完整的男子汉。

第四章

妈妈改变孩子的一生——3岁男孩想要的妈妈

3岁男孩的心目中，最理想的妈妈应该是什么样的呢？我们可以看到，那些聪明活跃的男孩，他们身边都有一个善解人意的妈妈，她懂得孩子最需要什么，能够成为孩子最好的观众，为孩子鼓掌喝彩。所以，每一位妈妈都应该走进宝宝的内心，做他们最知心的港湾，为他们创造一个健康成长的平台。

做一个温柔的妈妈

你希望宝宝成为什么样的人？如果想让他将来既聪明又讲礼貌，妈妈就不能用打骂的方式来教育孩子。

想让孩子守规则，自己就不要违反规则。动不动就河东狮吼，或者婆婆妈妈，唠唠叨叨，这是一个好妈妈必须杜绝的。因为你的一言一行，都在无形中影响着孩子。

一位年轻的母亲，儿子快两岁了，却在一次身体检查时被告知患上了儿童暴躁症。换言之，这是属于儿童的忧郁症。孩子经常会突然变得暴怒无比，摔盘子砸碗，还会莫名其妙地躺在地上打滚。

这位母亲经过反思和检讨，她发现问题就出在自己身上，因为对宝宝的期望值太高，她总是习惯性地向他发脾气，觉得他这也做不好，那也做不好，一点不符合自己的期望。

比如：儿子不好好吃饭，把鸡蛋含在嘴里，欲吃还吐的样子，母亲想着别人的孩子什么都吃得香，可他却什么都没兴趣吃，身上也不长肉，满肚子的火呼啦就上来了，张嘴就吼："不吃就吐出来！别糟蹋粮食！"儿子吓得急忙吐掉鸡蛋，嘴巴张着，半天不敢说话。

有一次，她带着儿子从小区公园玩耍回来，刚进门，儿子就嚷着："妈妈抱抱，妈妈抱抱！"母亲说："妈妈要做饭，等会抱好吗？"儿子不肯，继续抱着她的腿恳求着。这位母亲于是又开始吼了，厉声地把他训斥了一顿。儿子呆呆地站在原地，委屈地流着眼泪，母亲也不去宽慰。

她知道老发脾气对儿子会有不好的影响，平时也反思了无数次，但遇到事情，还是控制不住。久而久之，孩子的性格发生了很大变化，日常生活中，他望着母亲的眼神充满了畏惧，心事多了，也不敢对妈妈提出什么要求了。只有爸爸在家的时候，儿子的笑声才会多一些。

有一个亲子故事是这样说的：寒风中，一个 3 岁的男孩不停地哭泣着，他的妈妈却冷漠地在前面走，连头也不回一下。男孩究竟犯了什么错误，让妈妈如此生气呢？细问才知，他想让妈妈抱！多么简单充满爱意的要求呀！可是母亲为何不抱孩子呢？听听她的回答吧："这么大了还抱着呢？自己走！"

一个温柔的母亲，是不应该用这种态度对待孩子的。即使你想锻炼他的男子汉作风，也不应该撂下一句气呼呼的话，就不理他了。母亲在孩子的心目中拥有至高无上的地位，特别是当他需要你的拥抱和安慰时，母亲就更不能用这种简单粗暴的方式给他一个背影。

请记住吧：发脾气，只能是妈妈对儿子的一种教育手段，而不应该成为大人情绪发泄的目的。

作为妈妈，正确的做法应该是什么呢？

"孩子，你看，路灯这么亮，街上的景色这么漂亮，我们也快到家了，你为什么不边走边看，反而让妈妈抱呢？"

"是不是累了？再坚持一会好吗？妈妈拿了这么多东西，也没办法抱你呀。"

当妈妈说这些话的时候，要蹲下来，亲热地把他搂在怀里，拍拍他的后背，安慰一下他，给他心灵上的温暖。这样既讲道理又充满关心的态度，岂不更好呢？

常常听到很多家长的抱怨，说如今的孩子如何不好管，如何不懂事，好像孩子是自己的人生包袱似的。许多父母只要孩子的想法与自己不一样，马上就怒目相对，唠叨个没完。

这样的做法非常有害，对于孩子性格的完善，具有难以察觉的负作用：

1. 使用强权迫使孩子听话，只会增加他的叛逆心理。

2．长期的高压政策，会让宝宝产生心理阴影，变得唯唯诺诺。

3．总是唠唠叨叨的妈妈，会培养出唠唠叨叨的孩子。

4．缺乏交流和理解的环境，会让宝宝产生自闭的性格。

所以，如果你有一个孩子，请你一定要温柔地对待他，一个再强悍、再精干的妈妈也应该有其温柔的一面。

做温柔的妈妈，这对孩子很重要，比我们所能想象的还要重要。当你每时每刻都将温柔的理智的爱传递给正在成长中的宝宝时，他就会变得很快乐，笑容会时常挂在他的脸上，开朗、活泼、自信的性格也就会随之养成，这不正是做妈妈的含辛茹苦所期待的成果吗？

"我要找妈妈"

问题：你和宝宝是否建立了心有灵犀的默契感？

默契感的前提，是你和宝宝在一起的时间。在他3岁之前，你们每天都能在一起吗？

因为职业、工作特点和父母事业心的不同，这个回答会五花八门。

答案：A、当然是每天从早到晚，不会离开一步；

B、经常由外婆或奶奶过来照顾，但基本每天都在一起；

C、平均每周两到三天，因为经常出差，好在有保姆；

D、外地工作，没有时间和条件，故而相聚很短，每年不到一个月。

结果分析：大部分妈妈因为生活压力，牺牲掉了宝宝渴望与妈妈在一起的心理需要。

在接受这份书面调查的100位妈妈中，只有7位妈妈毫不犹豫地选择了A，她们是专职妈妈，与孩子朝夕相伴；有31位妈妈选择了B，她们工作和孩子两头兼顾，很辛苦；另外有 15 位妈妈选择了 C，是标准的职业女性，只能找保姆来分担妈妈的压力；选择 D 的有 47 位妈妈，她们普遍是在外地工作的年轻女性，生存压力大，让保姆长时间照看又不放心，只好选择了把宝宝留在老家。

我们何时理解宝宝内心深处那份心灵的依赖呢？

小家伙每天都要看到妈妈的，他需要妈妈的关爱，哪怕一个眼神，一个身影，只要在他面前晃过，他就会很满足，很有安全感。

爸爸就像一棵大树，是他模仿的榜样，成长的动力，是让他仰视的一座棱角分明、挺拔陡峭的大山。只有妈妈和他的亲近感最强，妈妈就是他此时安全的山谷，暖风习习，花红柳绿。

但是迫于工作的压力，很多妈妈都选择了将这份责任向外分包，外婆分一点，奶奶分一点。经济条件好些的，干脆交给保姆。在这种情况下，宝宝的心理需求就无法得到满足了。

力力的愤怒：

陈女士的宝贝儿子力力，今年 2 岁半了，是个特别听话的孩子。眼看明年就要读幼儿园了，陈女士却和丈夫经过商议，把力力送回了老家，想让父母代为照看一年的时间。走的那天，力力表现得很顺从，还吻了妈妈的额头。陈女士心里放下了一块大石头，因为丈夫马上就要出差去国外，而她也接到了单位的通知，接下来有非常重要的工作任务，需要她长时间留在设计部加班，照顾孩子的时间就很少了，只能把力力暂时"外包"给父母。

到了奶奶家的第一个星期，力力还算正常，一切都很新鲜，吸引他的新玩具很多。每天晚上睡觉前，他都给妈妈打电话，小家伙嘴里念念有词："妈妈你就放心吧，奶奶家可好玩啦！我一定会多吃饭多长肉的！"可是好景不长，半个月之后，力力的情绪就开始不稳定起来，他发现周围的一切都是那么陌生，那么危险了。早晨醒来的第一件事，他就是找妈妈，找遍每一个房间和院子的每一处角落，找不到就抹着眼睛哭，边哭边喊："我要找妈妈！我要找妈妈！"

奶奶只能哄他："哎呀，力力，你妈刚打了电话，说下午就来看你！"

力力顿时不哭了，盯着奶奶："真的吗?"

奶奶说："当然是真的啦！骗你是小狗。"

本以为小孩子记性差，一会儿就把这事忘了，结果到了下午，没见到妈妈的力力闹腾得更厉害了，一边说奶奶是小狗，一边坐到门口，哭得更伤心了，还气得小脸通红，咬牙切齿，别提多让人担心了。到了晚上，怎么都哄不睡他，哇哇大哭，枕头上全是泪水。

怎么办呢？奶奶和爷爷一商量，和女儿通了电话，说明了情况，翌日就把力力送回了家。见到妈妈的力力，一下就扑进她怀里，哭着说："妈妈你不要我了！"边哭边打妈妈，陈女士没办法，只好让母亲留下来照顾力力。

父母的教训：

教训一：责任"外包"会疏远亲子关系

众所周知，亲子关系指的就是父母与孩子的关系。当宝宝和妈妈相处到 2 岁左右的时候，他和妈妈之间已经形成了牢不可破的情感联盟，不要说半个月，就是半天看不到，宝宝也会马上产生焦虑和不安全感，哭着喊着要妈妈。应该让宝宝充分享受天伦之乐，始终有父母养育关爱的幸福感，这是孩子的天性，也是父母应尽的责任。

教训二：宝宝需要父母亲自担负教育责任

现在生存压力大，金融危机以后尤其如此。很多家长更没有时间照看孩子了，就选择将宝宝送到父母家，这等于将教育责任外包出去。同在一座城市还好些，每周能看见两三次；相隔千里的就很麻烦了，做妈妈的只能在春节的时候回家看到儿子。刚分开的那段时间，宝宝都会撕心裂肺地"寻找妈妈",哭得一塌糊涂。曾经有在外地工作的妈妈反映说,宝宝刚和她分开时,甚至有过哭岔气的经历,把家里的老人吓个半死。你想,对不到 3 岁的宝宝来说,这是多么大的伤害!再说,父母也因此丢下了亲自教育宝宝的责任,无法循序渐进地对宝宝实施最有效、最合理的培养,也是得不偿失。

"妈妈别哭"

宝宝对世界的感知来源于何处?

妈妈幸福,宝宝就会幸福;

妈妈高兴,宝宝就会高兴;

妈妈喜欢,宝宝就会喜欢;

妈妈讨厌,宝宝就会讨厌;

妈妈恐惧,宝宝就会恐惧。

简而言之,宝宝的情绪会时刻受到妈妈和爸爸的影响,并且会深深地转化成他的性格和习惯的一部分,一些重大的痕迹终生都很难去除。

有毒的癞蛤蟆:

有一次,吴女士跟几个要好的朋友带上各自的宝宝,搞了一次亲子郊游的活动。他们想让宝宝体验一下大自然。大家在湖边玩耍的时候,不知道哪位家长发现草丛中有一只蛤蟆,猛地喊了一声:"哎呀,癞蛤蟆!"

吴女士平时最怕绿油油的蛤蟆了,何况还是有毒的癞蛤蟆,闻听此言,吓得魂飞魄散,"嗷"的一声,抱起身边的宝宝就窜出了老远,好像见到了鬼似的,还拍着胸脯,说:"吓死我了!"

没想到,她的此举把 2 岁的宝宝吓得哇哇大哭。吴女士这才慌了神，意识到孩子受了惊吓，赶紧解释，说："儿子啊，癞蛤蟆有毒，它会喷毒汁，喷到眼睛的话，可就瞎了！"宝宝听了，哭得更厉害了，在她的怀里再也不想下来，只是一个劲地嚷着要回家。无奈之下，吴女士只好带着儿子提前走了。

此后很长一段时间，孩子都不愿出门，不管妈妈说去哪儿，他都要先问一句："妈妈，那儿有没有癞蛤蟆？"在他心目中，癞蛤蟆无疑成了最可怕最危险的东西了。

很显然，孩子不是被癞蛤蟆吓到了，而是被妈妈的过激反应吓到了。这个故事中的蛤蟆是能够替换的，它可以是小狗小猫小昆虫，也可以是带刺的花，烫的水，冰雪，或者家中的电插头……凡是那些可能有危险的事物，当父母的第一反应是惧怕甚至是恐惧时，结果必然是孩子从此也会对它产生极强的排斥心理。

"害人"的楼梯：

还有一位妈妈，下楼梯的时候把脚扭了，疼得她坐在地上，眼泪也流了出来。结果宝宝看见了，嘴巴一咧就哭起来，举起小手过来给妈妈擦泪，边擦边喊："妈妈别哭！妈妈别哭！"自此以后，每当下楼梯的时候，宝宝就犹豫不决，不敢迈步。因为在他看来最可依赖的妈妈都被楼梯"害"哭了，他又怎么不害怕呢！

无论面对任何事，妈妈的软弱，都会催生孩子的恐惧。不要让宝宝受到你的不良情绪的误导，并因此在他的成长之路上留下一丝阴影。

父母应做宝宝的好榜样

试想一下，假如吴女士稍微冷静一下，不是惊慌失措，而是镇定自若地抱着孩子走开，或者干脆走过去，让宝宝看到癞蛤蟆的样子，跟他说："看，这就是癞蛤蟆，是一种动物。"宝宝还会因为她的恐慌而怕成那个样子吗？

如果那位妈妈在脚扭了之后，能够想到自己是宝宝精神的支柱，努

力忍住不掉眼泪，宝宝还会对下楼梯产生那么大的顾忌吗？

生活中，经常有父母恨铁不成钢地抱怨说自己的孩子胆小，一点儿也不像自己小时候什么的。其实检点一下就会发现，家长也常常会对某些东西表现出特别的害怕，然后自觉不自觉地在孩子面前流露。这样，宝宝就被大人的态度感染，理所当然地认为那是可怕的东西。大人对于事物的态度往往会让孩子产生先入为主的印象，以至于从心底排斥。表现出来的就是不积极，甚至胆小，进而融入他们的性格之中。

因为 3 岁之前的宝宝，是通过父母来认识这个世界的。

放开儿子的手

看到宝宝因为一个游戏"疯"得不可开交、超出了你规定的时间却仍然意犹未尽时，你有没有勇气对自己说："嘿，我该放开儿子的手了！就让他适当地多玩一会吧，不要限制他的思维，他会做得更好，比你想象得还要出色！"没错，这才是宝宝最喜欢的好妈妈。

妈妈对宝宝最好的保护，是给他创造一片安全的、自由的、没有拘束的天空。宝宝在投入一件感兴趣的活动时，不希望有人打扰，也不希望有人控制他的思路，哪怕是妈妈充满善意和关爱地拉住他的手，都会影响宝宝的心情，还会对他的成长构成隐性的伤害。

小明的"投诉"

爸爸到外地出差有半年之久，回家后遇到的第一件事，竟然是收到了 2 岁半的儿子小明对妈妈的"投诉"。小明告状的时候一本正经，根本就没有开玩笑的意思，说到动情处，他的眼角还冒出了几滴泪花。看来，他好像对某些事情感到严重的不满意了。

"我开小车的时候，妈妈跟得紧紧的，老是跟我抢方向盘，转来转去，就让我在原地转圈，真没劲!"

"妈妈还不让我看奥特曼，说会伤眼睛，其实我只想看一小会儿!"

"爸爸，妈妈总让我很扫兴。"

咦，这不都是一些小事吗? 也许你经常也会这样做，难道宝宝不喜欢妈妈对他的保护吗?

听了小明强烈的"控诉"，爸爸明白了。宝宝现在越长越大了，喜欢玩的东西也多了。妈妈呢，有点过度紧张，生怕孩子受到什么伤害，于是寸步不离，死盯着，控制着他的一举一动。

在儿童乐园开小车，妈妈怕撞着他，就想握住方向盘，让儿子原地转几圈;

看电视，打游戏，妈妈怕伤眼;

爬滑梯，打雪仗，妈妈又怕他摔着碰着，也是千叮咛万嘱咐。

时间长了，小明肯定觉得自己没一点自由，不管做啥事，都受到妈妈的控制，简直就像一只被拴住了脖子的小兔子。

妈妈应该适时放开手

有时候，做妈妈的确实会有这种心理，潜意识里，把孩子看成自己笼子里的还很娇嫩的小鸟，既为他担心，又"害怕"他会飞出自己的视野，摆脱自己的控制。即使宝宝在没有危险的游戏中玩得热火朝天，妈妈也总想让他看到自己的存在，受到自己的指引。

我们要知道，宝宝在一天天地长大，他从爬来爬去，到蹒跚学步，再到轻快飞奔，从咿呀学语到有独立的判断，宝宝渐渐就有了自己的小世界。他需要一个没有阻碍的空间，由着性子去做一些事情，去尝试自己不同的兴趣，锻炼自己的能力，为未来的成长积累打下厚厚的基础。

作为妈妈，在保障孩子安全的前提条件下，应该适时地学会放手，只需要在背后默默地看着他，就足够了。看着他玩得是那么投入，那么高兴，对妈妈来说，这何尝不是一种快乐呢?

"放羊式"培养利于宝宝成长

草原上的牧民，他们在肥美的草地上放牧羊群，不是死盯着每只小羊的举动，而是在草场上圈一个足够宽阔的范围，让它们在里面尽情地活动，吃食。小羊只要不越过事先划定的围线，牧民就绝不会去干扰它们的一举一动。

在这个圈子里，小羊们除了吃草，还能自由地活动，奔跑，与同伴进行交流，拥有着跟自由几乎相等的权利。

可以说，亲子教育与此是类似的，不要试图每时每刻都握住宝宝的手，那不是他成长所需要的。小男子汉迟早要过一关，他要学会长大，就必须独立地去处理事情，哪怕是从小小的游戏开始。

最爱他的妈妈，敞开敏感而牵挂的心吧，别再患得患失了，就让这只原本躲在你的羽翼下的小鸟儿，试着扇动一下翅膀，陶醉在自己的世界里吧。对于妈妈和宝宝来说，这都会是一种霞光四溢的幸福！

别忘了睡前故事

男孩玩了一天，往往筋疲力尽，在睡觉之前讲一讲故事，是妈妈哄宝宝入睡的好办法。宝宝也很乐意这样，有的孩子不仅会主动要求妈妈讲睡前故事，有时讲得少了还不乐意呢！

睡前听父母讲故事，是孩子的一种心理需求，也是妈妈的一种教育责任哦！

睡前故事的好处

第一，有助于提高孩子的理解能力，还能在故事中学到一些知识。这种方式，可以对宝宝起到启蒙教育的作用。而在睡前过多地看电视或玩游戏，则会抑制父母与孩子之间的联系与交流。

第二，睡前讲故事这种方式对儿童感情上的发展和情感能力的发育非常重要。通过讲一些故事，以及讲解白天所发生的事情能够帮助孩子克服怕黑的毛病，并且有利于孩子日后的成长。

第三，能够加深父母与子女之间的交流与联系，从而使孩子产生一种安全感。另外，适当地给孩子讲解一些科学知识也很有必要，比如生命以及地球的起源和意义等，这有助于孩子正确看待生命。

第四，还能培养孩子的口语表达能力，在听讲之间，他的语言能力无形中得到了进步。

看，看似不起眼的一个细节，原来对宝宝竟然这么重要！

讲睡前故事也需要技巧

一位妈妈说，宝宝每天晚上都会要求她讲故事，但还没讲完一本《婴儿画报》，他就睡着了，好像没怎么听进去呢。她觉得是不是这样做没什么效果，于是有点灰心了，试着不讲，但宝宝又不乐意。

建议：引导宝宝养成遵守承诺的习惯，告诉他："既然要听妈妈讲故事，就一定要听完哦！"给宝宝一个规定的时间，鼓励他坚持听妈妈讲完一个完整的故事，最好再跟妈妈就故事本身进行一次睡前交流。

另一位妈妈说，他的儿子送幼儿园全托班，一天见不到妈妈，回来就特别兴奋，于是睡觉就成了老大难。每天晚上爬到床上，都要酝酿两个多小时才能入睡。这时，睡前讲故事往往适得其反，孩子越听越兴奋，即使熄了灯，他还要听。妈妈曾想给他限制听故事的数量和时间，可最后宝宝总要赖，妈妈感到很无奈。

建议：对于过度兴奋的宝宝，可采用故事与音乐同步进行的方式。妈妈在讲故事的同时，放上一段温和轻柔的音乐，以平缓宝宝兴奋的情绪，让宝宝放松紧张的神经，在愉悦的氛围中进入睡眠状态。如此，可收一举三得之效。

给妈妈的几个启示

为宝宝讲睡前故事，并不一定需要很好的口才，即使是生动的表情

和手势也并不怎么需要，下面为妈妈们提供几个小秘诀：

1. 要有感情。用感情来表现故事的气氛，而且要轻柔甜美，利于睡眠，切忌神情紧张，制造过多悬念。

2. 声音丰富。适度变化一下您的声音，让宝宝听起来更加生动。比如模仿故事中特定的声音，像火车的"呜呜"声，汽车的"笛笛"声，小狗"汪汪"和小猫"喵喵"的叫声，注重拟声词的不同发音。

3. 故事有安定感。当然，情节曲折、高潮不断的故事会引起孩子的注意，也受孩子的欢迎，但却不利于孩子的入睡。为了让宝宝安静地入梦，最好挑选那些有安定感、情节变化平静的故事，孩子才不会越听越兴奋。妈妈讲故事时，要讲出那种安宁的气氛，并不时斟酌孩子的年龄和心智发育，稍微调整故事内容。

4. 爱心和耐心。如果昨天的故事还没讲完，孩子就睡着了，那么今晚讲故事时，最好要有"前情提要"，以便孩子适度地衔接。在讲述过程中，孩子可能会有疑问，这时候应该先为宝宝解说，然后再继续，切忌类似"现在不要问，等讲完了再告诉你"的话，那是最不高明的。记住，爱心和耐心是一样重要的。

5. 适度改编。可以适度地将故事情节改编，孩子的吸收能力和兴趣都不同，妈妈可以试着了解孩子的能力范围，然后小幅度变动故事内容。例如有些外国故事的主角名字洋味十足，不妨改成邻家小孩的名字，或者中国化的名字，孩子听起来会产生亲切的感觉，更容易接受。

宝宝睡前这段时间，对培养母子关系和亲子教育都特别重要。妈妈要充分利用这样的机会，多与孩子接近，通过讲故事的形式，来促进孩子的健康成长。这个在 3 岁之前尤为重要，否则，过了这个"村"，可就再也找不回这个"店"了。

延伸阅读：五种妈妈做不得

想做一位宝宝喜欢的妈妈，看上去简单，其实并不容易。宝宝的要求可是极为苛刻的，他的小脑袋里装着无数你不了解的想法，而你的一举一动，都可能会对他将来的一生造成不可逆转的影响。

既然妈妈对宝宝这么重要，那么有哪些事情是妈妈的雷区呢？我们简单列举五种妈妈，您可千万不要效仿。

第一种：溺爱型

事事顺着宝宝，好东西自己舍不得吃，总是留给宝宝吃；自己舍不得穿，也要把宝宝打扮得漂漂亮亮。天上的星星摘下来给他，河里的月亮捞上来给他，要什么给什么。这样的妈妈很容易培养出自私的宝宝，处处以自我为中心，觉得一切都是理所当然的。

第二种：包办型

有些妈妈替宝宝想得太周到，什么事情都事先安排得好好的，宝宝根本没有机会选择。不让孩子动脑思考，不让他尝试任何自己应该做的事情。如此一来，宝宝就会形成很强的依赖性，长大后很没有主见，遇事不知怎样处理。你看，后果严重哦！

第三种：坏榜样型

这样的妈妈对宝宝要求极高，但对自己却爱咋咋的，一点不给孩子做个好榜样。比如妈妈整天看电视和打牌，却让宝宝听音乐，学绘画。宝宝虽小，却一点也不傻呢！他一看妈妈老是在那儿玩，哪还会听你的话呢？没有榜样和学习的氛围，宝宝很难形成良好的学习习惯，很难发自内心地去学习。

第四种：晴雨表型

很多妈妈当着宝宝一会发脾气，一会又满脸笑容。情绪不稳定，高兴不高兴都挂在脸上。宝宝是很会观察父母的表情的，如果自己的妈妈是块晴雨表，一天之内打好几次雷，下好几次雨，说刮风就刮风，说闪电就闪电，宝宝就会无所适从，不知道该怎么办才好。时间久了，性格就会扭曲。长大后自卑，胆怯，不能乐观地面对自己的生活。妈妈们可要知道，性格决定命运，宝宝性格的好坏，直接关系到他的将来呢！

第五种：干净过度型

有的妈妈见不得儿子脏，什么东西都不让宝宝摸，认为会把小手弄脏。更有甚者，宝宝不小心把衣服弄脏了，妈妈也会大声训斥。说好听点这是干净过度，难听点这就叫洁癖转移，把宝宝当成了清洁的对象了。这样下去，宝宝什么都不敢动，因为怕弄脏了手和衣服。如此一来，宝宝的动手能力极差，没有探索精神，也就谈不上成长为真正的男子汉了。

第五章

爸爸的作用不可小觑——爸爸的肩膀最安全

　　宝宝的健康成长不仅需要细腻的母爱，更离不开粗线条的父爱。这两种爱，对宝宝而言，如同空气和水，必不可少。而且，父爱有它独特的魅力和力量。爸爸能够以其特有的男性特征，如坚毅、果断、独立性、进取性、合作性来影响宝宝；爸爸的严格要求让宝宝学会审视自己的行为，学会承担责任，宝宝也会更好地从爸爸那里观察、模仿男性的语言和行为，日渐表现出男子汉的气概。

爸爸不要做甩手掌柜

爸爸又到了晚上九点才回家，叮当已经洗完澡在床上躺着玩，他手中拿的是一个小冲锋枪，叮当显得很无聊地把玩着。爸爸进门后没有做声，静静地看着宝贝儿子的每一个动作。

叮当玩着玩着，忽然看见了爸爸，开始似乎没有反应过来，呆了一下才咧开小嘴，轻轻地喊了声："爸爸。"

爸爸望着可爱的儿子，心里十分内疚。这些日子单位的杂事太多，经常加班，陪儿子的时间越来越少了。特别是最近一个月，有时甚至两三天都见不到儿子。这不，儿子看他的眼神都有点陌生了。他甚至不清楚儿子这几天又学会了哪些词语，明白了哪些道理。

这时，妈妈推门进来了。叮当马上扔掉玩具，扑进了妈妈的怀里，腻得就像一块蛋糕。妈妈抚着宝宝的头，叹口气说："你在儿子心里，已经可有可无了。"

说到这里，我们的问题就出来了：在男孩的成长过程中，爸爸的作用至关重要，千万不要以工作为借口，推托教育宝宝的责任。

其实，当宝宝出现喜欢缠着妈妈，不要爸爸的情形时，我们也不要急着责备。这正是由于爸爸平时疏忽了对宝宝的关心和照顾，他表现出的一种抗议反应。爸爸要改善父子之间的亲子关系，最好每天花些时间陪孩子一起玩，和他聊天，讲故事给孩子听，了解孩子心里的想法，也让他更了解爸爸对他的爱。

爸爸不能淡出家庭教育

宝宝从出生到进入青少年期前，可能是父母唯一能有充足的时间陪他、建立亲密的亲子关系的时候。如果错过，当孩子慢慢长大，有了自己的世界，父母想陪他也许连机会都没有了。

对男孩来说，这段时间爸爸的教育更是会影响他的终生。但事实上，往往在孩子最需要父爱的这个阶段，爸爸却常常为了事业、为了赚钱，而用掉了所有的精神和时间，没有时间陪孩子，这成为扼杀亲子关系的罪魁祸首。

爸爸满脑子都是工作和生意，只能坐在办公室拿出儿子的照片看上那么一小会儿，这对亲子教育来说，是没有任何作用的。

渐渐地，当爸爸发现自己在孩子的心中，似乎不被重视，孩子与自己不亲时，想要弥补往往需要花相当长的一段时间，并费尽心思来引导，这对爸爸和孩子都将会是一种可怕的煎熬。

宝宝在 1 岁以前就已经会认人了，时常出现在他面前、时常抱他、陪他说话的人，即使不是妈妈，都会成为他依赖的对象。而且，这时谁陪他的时间最多，谁对他的性格影响就会最大。在这个阶段，爸爸要多参与陪伴孩子的游戏活动，有意识地向宝宝灌输男子汉的思维方式，培养他坚强的性格，以利于他的健康成长。

男孩更容易受爸爸的影响

大部分情况下，妈妈是教养孩子的"顶梁柱"，但是这并不意味着，爸爸在婴幼儿的成长中不重要。特别是对于男孩来说，爸爸陪伴他的时间虽然少于妈妈，但作用却要超过妈妈。

像叮当的爸爸，事业繁忙的他淡出了家庭教育，客观上却造就了宝宝不喜说话、不爱交往的性格倾向，见到男孩子就害羞，看到生人就害怕，只想待在家里，默默地自己摆弄玩具。

我们说，这里面是埋藏有儿童自闭症的苗头的，如果不及时纠正，很难说不会影响叮当的将来。

研究发现，爸爸参与家庭教育对孩子的性格发展和社会性发展具有重要的意义。与爸爸相处，孩子的活动倾向于大肌肉运动，情绪更加开放、泼辣，思维更富有挑战，孩子体验着与妈妈风格不同的另一个多彩世界。因此，爸爸不要闲置了自己的教育能量，与孩子的进一步发展失之交臂。

给爸爸的建议：

1. 不要把"工作太忙"当成借口，进而心安理得，每周都要努力争取 10～20 个小时与儿子共处的时间。

2. 通过游戏和聊天，要成为儿子希望与你分享快乐的爸爸。

3. 不要以为教育宝宝是女人的家务事，在宝宝的成长问题上，爸爸负有不可推卸的责任。

4. 要成为宝宝的榜样，这可以成为爸爸的亲子目标。以此，带动宝宝健康快乐地成长。

儿子需要爸爸的肯定

3 岁的男孩有着无穷无尽的表现欲，他们不仅对自己做的事情兴致勃勃，乐在其中，还特别希望得到父母的肯定。尤其是爸爸，经常用"肯定的态度"教育宝宝，会培养宝宝的自信，有利于宝宝的成才。

一块魔方特别难以组合，阳阳专心地试了好几次，就是没办法把最后的几组放到正确的位置上去。阳阳有些懊恼，生气地把魔方扔到一边，嘟着嘴坐到地上，不知道该怎么办了。

爸爸本来正在埋头看报纸，听见动静，看见了，大声地说："这么简单的东西都不会玩，还发脾气，什么坏习惯？"

正在挫折里深深苦恼的阳阳听见了爸爸的话，更加伤心了，流下了眼泪。

有一次，阳阳从幼儿园回来就哭丧着脸，妈妈问他怎么了，阳阳说，今天下午老师举行了一次小测试，比谁在最短的时间内能把最多的球投到儿童玩的篮球筐里。小伙伴们都至少投了三个球，阳阳却只投中了一个，是成绩最差的小朋友。

爸爸听到了，又说："怎么这么笨啊？别人都能做的事情，就你不会做！真是给我丢脸！晚上别吃饭了！"

阳阳果真没有吃饭，他在自己的小房间里哭了一个晚上。直到第二天早晨，爸爸带着愧疚的心情来向他认错，抚慰了好长时间，阳阳才勉强喝了杯牛奶。可是，从那以后，阳阳再也不敢在爸爸面前玩魔方和积木之类的游戏，也不敢当着爸爸的面说幼儿园的事情。

"否定"会伤害宝宝的自尊和信心

爸爸的做法无疑在孩子受伤的心口又撒了一把盐，让阳阳受到了双重的打击。这个年龄段的宝宝本来能力就有限，处于刚刚认识世界、学习基本的能力的时候，因此不能完成一些他能力范围外的事情很正常。这时，爸爸的支持和鼓励就是孩子最好的武器，能让他在失败过后很快地站起来，勇敢地面对问题。

可是，爸爸不仅没有这样做，还对阳阳的失败不屑一顾、嘲弄甚至训斥，孩子怎么能够重新树立信心呢？他对自己的能力也没办法正确界定，甚至会很自卑，觉得自己就是个"什么也做不好"的孩子。

这样的环境如果长期保持下去，阳阳很难成为一个自信的男子汉。

正确的办法应该是，当阳阳沮丧和失落的时候，爸爸应该马上走过去，抱起他说："宝贝已经很棒了呀，咱们找找原因，下一次再来过，肯定能行的！"然后，父子一起努力，把那个魔方组合好，探讨为什么只投进了一个球。

在看待孩子的游戏时，不要只注重结果，更应该把注意力放在过程上，找出他值得肯定的部分，引导他完成不好的部分。这样孩子就不会因为那不好的一小部分有深深的挫折感，才能用更正确的心态看待自己的劳动成果。

爸爸的"肯定"促进宝宝自信的形成

孩子完成一件自以为得意的事，向你"邀功"的时候，你是给他泼凉水，还是及时肯定他的成功？

答案是：应该马上肯定他的成果，并且和他分享成功的快乐。然后，才是指出他的些许不足，鼓励他继续努力。

爸爸对宝宝努力的善意响应，往往会有巨大的正面效果。除了帮孩子建立自信心、让他乐于表现自我并分享创作成果，更可以端正孩子的进取态度，让孩子始终保持积极上进的热情。

在宝宝的成长过程中，父母对其身心发展扮演着相当重要的角色，其次是亲友、学校的老师、同学及朋友等。宝宝明亮的双眼如同一部录像机，不断探索，摄取周围人、事、物的变换。但因其心智无法分辨好坏善恶，所以大人对孩子肯定的程度，若表达错误或给予不当信息时，也会造成负面的效果。

因此，给予宝宝"肯定"应该是以宝宝做出了正确的尝试行动为前提。

得到正确肯定的孩子往往充满自信心，爸爸应常以口头表扬或肢体语言（如鼓掌、摸头、拍肩、亲吻等）鼓励孩子，让孩子从内心产生荣誉感、责任心，从而更加地努力向上。

激励孩子努力，莫过于给予一个适时而强有力的肯定。

给予宝宝"肯定"的时机

宝宝做出哪些事，或者哪些行为时，爸爸应该及时地给予他肯定呢？我们不妨列举一些比较重要的事项，供家长们参考：

1. 当宝宝以全神贯注的精神专心从事某项事时（如游戏或某种锻炼活动），不论他成功与否，都应该给予嘉许与肯定。

2. 当宝宝愿意与别人分享自己的作品、心爱的事物，以及一段难忘的经历时，爸爸都应该在语言与行为上给予一个立即肯定的赞美。

3. 从小教育宝宝应有礼貌及负责任的态度。如果宝宝遇到师长、亲邻能主动问安道好，扶助弱小时，就足以证明其已具有良好的礼貌和善良的爱心，要适时给予肯定的鼓励。好的礼仪受人喜爱，也会促使宝宝在将来形成良好的人际关系。

4. 宝宝在成长的过程中，好奇心永远跟随。当其对父母询问"为什么"时，对他表现出的探讨问题、追根究底的精神，不但不应抹灭，更应给予支持与肯定。

5. 在宝宝的人格发展中，情绪管理是非常重要的一环。当孩子愿意将心里的喜怒哀乐与父母分享时，除了当一个称职的倾听者外，不要忘了给孩子肯定。

6. 当宝宝懂得与别人互助合作完成任务时，表示其在人际关系上已获得宝贵的经验和技巧，也应给予嘉许与肯定。

父母不经意的一句话甚或一个不悦表情，都会深深地击碎宝宝稚嫩的心灵，对于孩子人格发展及日后的学习态度，都有深远的影响。而父母一句肯定的语言或者一个鼓励的拥抱，都会让孩子劲头十足，把好的行为延续下去，让他成为一个越来越完善的人。

心理学家认为，当宝宝的情绪处于欢乐、愉悦的状态时，往往是启发其创造力的最佳时刻。因此，给宝宝一个适时、适切的肯定、激励，获得正面的效果是超乎预期的。

哺育教养也是爸爸的天职，多关注儿子的言行，切勿吝啬于赞美自己的小宝贝哦！

拉着爸爸的手，儿子就不怕

度过 3 岁的生日之后，浩浩终于上幼儿园了，妈妈也放了一大半的心。一直以来，浩浩都是她在带，不管遇到什么事，都是她来解决，儿子和她也特别亲。妈妈觉得，在浩浩的心里，一定是她带给了他更大的安全感。但是这天发生的一件事，却改变了妈妈的看法。

储藏室有一个过春节时没有放完的鞭炮，妈妈觉得总在家里放着很不安全，于是天黑后就让爸爸出去把它消灭掉。

浩浩一听要放炮了，高兴得直拍小手："好啊好啊，我也要看！"

在小区门口，妈妈抱着浩浩站在旁边看，这是一家三口第一次一起放炮。过年过节时，由于爸爸都在单位加班，每次都是妈妈一个人抱着浩浩看烟花。爸爸点着了鞭炮，"砰"的一声响，猛地喷出来一团火焰，把浩浩吓了一跳，妈妈明显感觉到孩子的全身一抖。她刚想把浩浩抱紧，结果儿子却转向了爸爸，伸出手，使劲地拉住爸爸的衣角不放，不让妈妈抱了，要去找爸爸。

于是，妈妈把他放下来，浩浩迫不及待地跑过去，牵住了爸爸的手，抬头望着爸爸的眼睛，问："爸爸，你怕吗？"

爸爸蹲下身子，笑着说："当然不怕了。"

浩浩也笑了，天真地说："爸爸不怕，我也不怕！"

爸爸牵着儿子的手，父子俩就这样一前一后地上了楼。妈妈这才发现，无论何时，永远都是散发着大男人味的爸爸会让儿子更有安全感。

爸爸比妈妈更能让儿子有安全感

当宝宝感到害怕时，和宝宝在一起的时间更长的妈妈，反而不如爸爸更值得信赖，为什么会这样呢？

我们可以从另一面看看科学的结论，美国心理学家通过调查发现，那些没有得到足够父爱的宝宝，他们的情感障碍十分突出，出现焦虑、孤独、任性、多动、依赖、自尊心低下、自制力弱、攻击性强、内心有恐惧感等行为缺陷的现象较为普遍，这是没有安全感的表现。

孩子渴望父爱，渴望一位强健而富于幽默感、粗犷而温和、自信而关爱、智慧而谦逊的男人在他们身边，帮助他们建立起对周围世界的安全感与自信心。尤其男孩，更需要与父亲待在一起，从父亲那里学会做一个男人。而女孩，则需要通过父亲了解男人并获得与男子相处的经验。

给爸爸的建议：

"爸爸抱抱！爸爸别走！"

"爸爸，你是不是不要我了？"

您的宝宝是否出现过类似的惊恐情绪呢？或者，当宝宝感到紧张和害怕时，他是否会自觉地抓住您的手，依偎到您的怀里呢？

来到这个世界上，每个人都需要充足的安全感，小孩子更是。安全感对宝宝日后的成长和发育都有着重大的影响，必须从小开始用心培养。对男宝宝来说，这个任务主要应该由爸爸来完成。

拥有安全感，是宝宝建立健康品格的第一步

1. 多陪伴，不做"假日爸爸"。对于 3 岁之前的宝宝来说，家长就像是玩伴一样重要。缺少了父母的陪伴，宝宝将很难养成良好且规律的生活习惯，安全感自然也就无从建立或培养了。爸爸应该尽量多抽时间陪伴儿子，哪怕什么都不做，只要让宝宝多看到自己，就已经成功了一半。

2. 交流是最好的桥梁。爸爸要多和宝宝进行交流，无论什么事，爸爸都应该采取主动交流的方式，靠近宝宝，让他感到，只要他需要，你随时都是他坚强的后盾，他可以跟你说任何事。通过这种无障碍的交流通道，建立孩子所需的安全感。其中，包括允许孩子哭泣和倾诉。比如生病、争宠，或是被隔壁小孩子抢走一颗糖果等，这时孩子哭泣只是想要吸引大人的注意力，来寻求一些安慰。不过有些爸爸却以训斥的方式不准孩子哭泣，此举是不可取的，因为适当的哭泣对孩子来说是一种很好的宣泄方式，可以及时排除负面情绪，协助他建立安全感。

3. 参与宝宝的活动，多进行肢体接触。通过游戏中的肢体触摸，比如牵手、抚背等，可以让宝宝从心理上感觉到爸爸的存在，拉近双方的距离，建立他的安全感。爸爸平时还可以多花点心思，设计一些简单的家事、游戏、手工劳作等，和宝宝一起参与其中，既能提升宝宝的自信，让他有安全感，同时又能让亲子情感升温，益处多多！

当然，在宝宝感到惧怕和孤单的时刻，爸爸能随时出现在他的身旁，成为他坚不不摧的保护伞，这才是最重要的哦！

爸爸是儿子的好榜样

孩子的成长必须要有一个榜样。男孩子以自己的爸爸为榜样，对他的心理成长最为有利。一个男孩子崇拜爸爸，可以让他生活得更健康、更有安全感和更有目标。而作为妈妈来说，明确地表示爸爸是孩子可以崇拜的对象，其实就是一种最好的塑造孩子男子汉性格的方式。即使是妈妈并不认为自己的丈夫就是最优秀的男人，她也应该坚信，对于儿子来说，爸爸总是他最好的老师。

我们常说，榜样的力量是无穷的，这主要是基于人所具有的一种模仿的天性。尤其对宝宝来讲，许多学习都是从模仿开始的。说话是从模仿开始，吃饭也是从模仿开始，对人的态度从模仿开始，做事的方式从模仿开始，就连很多性格都不能不说最先还是始于一种模仿。

模仿使宝宝学会学习，也使宝宝善于学习。在日常生活中，我们也能随时观察到宝宝对于榜样的各方面的模仿，如行为模仿、言语模仿、衣着姿态模仿，甚至有思想观念及价值追求方面的模仿。

因此，爸爸的一言一行，一举一动，对男宝宝的成长来说，就显得极为重要了。爸爸应该争做好榜样，避免成为亲子教育中的坏榜样。

坏榜样会让宝宝跟着变"坏"

明明的妈妈最近发现儿子有点儿贪心，无论和家人，还是和外人相处，他总是要比别人多占便宜。妈妈以为明明比别的孩子聪明，是"心眼儿"多的表现，不肯吃亏。但是，渐渐地，妈妈发现，儿子变本加厉，竟然变得越来越自私了。

爸爸出差回来给明明买了巧克力，爸爸从瓶子里拿了一块塞到妈妈的嘴里，明明看着妈妈吃了"他的"巧克力，又哭又闹，最后硬是逼着妈妈从嘴里抠出了那块巧克力。

有一次，妈妈在路上遇见了一个朋友，便给朋友的孩子和 4 岁的明明买了两个雪糕。原本打算一人一个，但是明明说什么都不干，两个他都要，不让妈妈给朋友的孩子买，弄得妈妈很难堪。妈妈真不明白，明明怎么会这样自私呢？

直到有一天，妈妈去幼儿园接孩子，走在走廊里，听见老师问孩子们："小朋友，吃饱了还要不要？"明明响亮而清晰的声音传了出来："爸爸说了，吃饱了还要。"

童言无忌，明明一语道破了天机。当初爸爸的一句话，竟对宝宝产生了这么负面的影响。

宁宁从幼儿园回家后，懒洋洋地躺在沙发上，扯着嗓子喊口渴，并向爸爸要水喝。爸爸问："你都 3 岁多了，能跑能跳的，为什么不自己过来拿？"宁宁回答："你为什么每次都让妈妈拿？"

妈妈是个贤妻良母，家中里里外外所有家务都是妈妈一人操持。爸爸每次下班回来，总是把鞋一脱、衣服一扔，仰在沙发上，让妈妈沏茶倒水，然后自己悠闲地看着电视。无论妈妈做饭多忙，他从不主动帮一把。

在爸爸的行为熏陶下，宁宁也养成了坏习惯。

好榜样能让宝宝变得更"好"

幼儿园换了一位新老师，对孩子们说话声音很响，不如以前的老师温柔可爱。豆豆为此很烦恼。

有一次，新老师在批评一个孩子，豆豆很不服气，挺身而出大声地质问："老师，你为什么要骂他？"

从那天开始，豆豆很抗拒新老师，每天出发去幼儿园他就要哭。他的反常情绪让爸爸妈妈很担心。经过耐心地询问，爸爸明白了豆豆的心事，但是，他没有顺着儿子的心思去批评那位老师，而是跟儿子商量："其实，我们觉得新老师也很爱孩子呀，她可能是因为太忙吧。要不我们再试一个月，好吗？"

爸爸找了新老师交流，告之豆豆最近的情绪变化及原因，新老师了解后很惊讶，她没想到豆豆的情感如此丰富敏感。幸运的是，新老师很快地熟悉了孩子们的个性，调整了跟孩子们的交往方式。她主动跟豆豆聊天，让豆豆渐渐消除了抗拒心理。

不过，爸爸并没有把自己跟老师的交谈透露给豆豆，他只是鼓励豆豆继续观察新老师，让儿子自己去作判断。半个月过去了，豆豆有一天忽然对爸爸妈妈说："我不想换幼儿园了，我觉得新老师一点也不坏，她也很可爱嘛！"

爸爸和妈妈都被逗乐了，豆豆能够从拒绝转为欣赏老师的"可爱"，爸爸从中起到了很大的作用。

我们随时随地都能观察到男孩对爸爸的模仿，从行为、言语，思想观念及价值追求方面，都可以看到爸爸的影响。因此，我们可以这样认为："男孩是爸爸的影子"。

这不仅说明了宝宝最善于模仿，也说明了家长是孩子最易于模仿的对象。不管家长愿意与否，自己的言行举止、价值观念等，时刻都在被孩子有意无意地模仿着。所以，爸爸应该特别注意一些生活细节的处理，努力做儿子的好榜样，身体力行地帮助宝宝成为一个真正的男子汉。

跟着儿子去探险

男孩是个不安分的小家伙，对周围的世界充满无穷无尽的好奇，似乎什么都想扒开来弄个究竟。探索、冒险是男孩的天性。有的宝宝，不管你给他什么，他都会先往嘴里塞，其实不是他想吃，而是想用最直接的方式，感受一下它到底是什么东西。还有的宝宝，无论看到什么，都想伸手去摸，没有他爬不到的地方，没有他不敢碰的东西。

探索是一件好事，不过也会累坏家长。稍错眼珠，宝宝可能就会闯

祸了。因此，家长总是要小心看护，既要保护他的求知欲，又不能让宝宝在"探险"的过程中受到伤害。

怎么办呢？做为爸爸，就不如和儿子一起享受这样的探险旅程，全程参与。在这个过程中，教会儿子如何开始，如何汲取有益的知识，如何保护自己，还有如何善后。

比如，宝宝喜欢摆弄钟表，爸爸可以和他一起拆开来看，用宝宝可以听懂的语言，为他讲解原理，满足他好奇心的同时，又能让他明白一个新知识。

爸爸与儿子互动的"毛毛虫"游戏

谦谦 2 岁了，很喜欢在家里的地板上爬来爬去，自己做出各种小动物的样子，口中还学着它们的叫声。不过，由于家电很多，到处都有电线和插座，这么爬也不安全。

于是，爸爸想出一个办法，和谦谦一起做一个手脚并用的"毛毛虫丛林大探险"的游戏。开始时，爸爸唱儿歌："毛毛虫，真可爱！"并且和宝宝一起，伸出双手的食指，有节奏的一曲一直。当唱到"爬到爸爸身上来"的时候，爸爸和宝宝将"毛毛虫"（手指）往对方身上爬，然后"爬呀爬，爬呀爬"，变成手膝着地的自由爬行。

"爬呀爬，爬呀爬，爬到恐龙那里去"，爸爸和宝宝迅速爬向玩具"恐龙"。玩游戏的过程中，每当看到电线和插座，爸爸就告诉谦谦："这个碰到了，会让你的手很痛，千万不要碰呀！"此时的谦谦，当然很听话地记住了爸爸的告诫。

我们可以用不同的玩具来替换"恐龙"，方式是一样的。通过这种父子参与的游戏，使宝宝在探索过程中，能够锻炼认识事物的能力以及培养其良好的方位感，顺便还增强了宝宝的安全意识。

而且，爬行还有利于宝宝各方面能力的发展，也是男孩特别喜欢的一种运动方式。手指的屈伸可以有效地促进宝宝小手肌肉的灵活与协调性，促进大脑的发育。

在爸爸的带动下，宝宝也玩得更高兴、更投入，收获也是最大的。

教宝宝在冒险的错误中学习

爸爸带着两岁大的奇奇去一位美国友人家做客，聊天时，儿子突然打翻了桌上的水杯。爸爸皱着眉头，教训儿子："你看看你！还不赶快把杯子拿起来！"他边说边试着找寻可以擦拭的东西，完全不理会当时已经"吓呆"的奇奇。

这时，美国友人拿来了两样东西：一是厨房纸巾，二是海绵。爸爸赶紧接过纸巾，开始收拾残局。友人却把海绵递给了他的儿子。已经吓呆的奇奇，始终不敢移动，只是看着友人跟爸爸，而爸爸也不明白朋友的意思。

友人干脆亲自示范，把海绵往那摊水上一放，立刻就有"积水"被吸收了，他还把海绵往那已经被倒空的杯子内一挤，水又流了出来。

奇奇见状，立刻有了兴致，他尝试用海绵吸干他刚刚不小心打翻的一片"汪洋"。之后，友人还继续让奇奇玩。他把其他杯子里的冰块拿出来，要奇奇随时留意，如果冰块融化变成水之后，就立刻用海绵将水吸干。这下子，奇奇有了任务在身，更加着迷，也不再惊慌了。

爸爸虚心向友人请教，友人说，这招（指海绵吸水）是他多年前当幼儿园老师时，教学生学习处理善后的方式。他还说，孩子，尤其是爱冒险的男孩，多半都是在尝试及错误中学习，"犯错"是一定会有的，不必太在意，教他们如何在这个过程中善后，积累经验，得到意外的收获，才是家长最需要做的。

我们的建议：

1. 爸爸应该成为儿子探险精神的鼓励者，而不是破坏者，动辄以粗暴或嫌弃的态度吓阻孩子的尝试，只会适得其反。

2. 带着儿子去探险，不是让你带着宝宝去跋山涉水，而是希望爸爸参与宝宝的探索过程，和他互动，对他进行启发和教育。

3. 爸爸要允许宝宝对一定危险情境的探究。通过对危险情境的探

究来培养宝宝的冒险精神，增加他的安全感。最好，爸爸能够成为某些特定情境的设计者，对宝宝进行有计划的锻炼。

"儿子，我们是男人"

现在很多家庭里孩子的教育经常是由妈妈一统天下，极少对宝宝进行早期的性别启蒙教育。不论男孩还是女孩，教育方式"一锅端"，任由宝宝自行发展。总觉得随着年龄的增长，孩子自己会明白性别是怎么回事的。而且，普遍忽视了爸爸在其中的作用，很多爸爸顶多扮演一个笨手笨脚、可有可无的角色。像我们前面讲到的涛涛，就是因为父母忽视了性别教育，导致他从小缺乏男孩的性格特征，在成长的道路上拐了一个大弯。

一定要告诉宝宝："儿子，我们是男人！"这句话很重要。由父亲来完成这件工作，对男孩的成长更是具有深远的影响。据研究，每天与爸爸接触至少两小时的男孩，和一个星期与爸爸接触不到 6 小时的男孩相比，前者不仅更聪明，人际关系处理更融洽，而且具有更明显的男性特征。

亮亮的问题和爸爸的困惑

这位爸爸知道性别教育的重要，不过，他一直在等待好机会。在他的计划中，他希望在亮亮主动询问相关问题时再介入。可是在亮亮 3 岁的某一天，儿子却说了一通让他有点尴尬的话，使他意识到自己的介入有点晚了。

他带亮亮到小区内的篮球场打球。他在场上尽兴地打，亮亮在场外加油，助威声十分响亮。打完之后，他和队友们坐在亮亮旁边休息。

亮亮说："你怎么输了？我叫得这么大声！"

爸爸呵呵一笑："叔叔们太厉害了，爸爸还没进入状态呢。"

看到坐在爸爸旁边的女士满身都是汗，亮亮突然关切地说："阿姨，你把衣服脱掉吧！"

那位女士故作正经地问："为什么要脱啊？"

"因为太热了呗，你看都有两个叔叔脱了，那样多凉快啊！"

女士笑得前仰后合，对爸爸说："哎，该对你的宝贝儿子上上课了啊。"

爸爸很尴尬，但这种场合又不是解释男女之别的最佳时机，只好脑子一转，给了亮亮一个合理的解释："你看过电视上的比赛吧，运动员的衣服都是穿得整整齐齐，从来没有人会脱了衣服上去打球吧？"

亮亮问："那两个叔叔为什么脱？阿姨为什么不脱呢？"

爸爸凑到他耳边说："两个叔叔不文明，我们不能够学他们呀！你要向阿姨学习！"亮亮肯定地点了点头。

事情就这么过去了，可是爸爸不禁有些疑惑：3岁零4个月的孩子，对性别还不能够有清晰的认识，这正常吗？爸爸困惑了。

应该说，亮亮2岁时对性别差异的认识就已经很直观了：女孩是长发，男孩是短发；女孩穿裙子，男孩穿裤子；女孩说话声音小，男孩说话声音大……没到3岁就已经能清楚地分辨男人和女人了，即使女孩穿上男孩的衣服，女孩还是女孩。这些，亮亮都知道，但再往深里去，像生理上的不同，伦理上的不同，亮亮还一无所知。

爸爸很疑虑，是不是对他的性别意识教育还应该有所加强呢？

回想亮亮平常的一些言行举止——

他偶尔会用手指戳妈妈的乳房，说："你的奶奶。"而妈妈采取的回应却通常是逃避似的，也用手指去戳他的乳房，说："亮亮的奶奶。"现在看来，这种方式明显是错误的。

洗澡之前，亮亮还会脱光了衣服在家赤身裸体地玩闹，而爸爸还从来没觉得应该告诉他：你已经长到不应该再在别人面前裸露身体了。

爸爸终于感到，是需要开始对儿子进行一些有针对性的教育了。

没错，男孩虽然长得比女孩高大，但不正确的性别教育，却会让他

们变成"弱势群体",变成任人宰割的"娘娘腔"。因此,爸爸一定要对男孩的性别教育给予足够重视。要告诉他:我们是男人,是男子汉,和女孩有着天生的不同呢!

给父母的建议:

方法一:对男孩的性别教育越早越好

现在,越来越多的家长开始关心和重视青春期孩子的性教育,但是,他们往往会忽视对小孩子的性别教育。专家指出:"性别教育是对孩子进行性教育的基础,是孩子对自身了解的启蒙,也是孩子形成健康人格的基础。所以,从小就开始对孩子进行科学的性别教育是非常必要的。"

男孩的性别角色意识从 3 岁左右就开始建立了,而真正形成性别角色意识是在青春期之后。至于 6 ~ 12 岁的小学阶段,男孩的注意力转移到学习社会知识和兴趣的培养上,这个阶段则属于他们性别意识的潜伏期。所以,在男孩 3 岁时就开始对其进行性别教育,告诉他们男子汉和女孩子在生理、心理和伦理方面的基本不同,有利于他们形成健康的人格,为他们进入青春期后正确处理两性关系打下牢固的人格基础。

方法二:切莫给孩子异性打扮

涛涛就是一个典型的反面例子。给孩子穿的衣服,一定要选择男性化色彩较重的服装,让宝宝从这些细节上,随时都能感觉到自己的男孩身份,意识到与女孩明显的不同。对于男孩的性格形成,这是极为重要的。俗话说:"近朱者赤,近墨者黑。"3 岁前的宝宝,缺乏足够的辨别能力,环境对他的塑造和影响是很大的。所以,要从每一个细节培养宝宝的男孩意识。

方法三:认识身体器官

宝宝从出生就开始通过各种方式来积极地探索并认识自己的身体器官,比如他在四五个月的时候,经过探索就知道了手的动作可以让铃铛发出声音。在以后的日子里,你也一定教宝宝认识了一些身体器官,比如你会让宝宝指认"耳朵在哪里？嘴巴在哪里？"等。稍大些的宝宝，你甚至已经提问宝宝器官的用途了，比如"用哪里吃饭啊？眼睛用来做什么？"等。

作为爸爸，不妨在男宝宝对身体器官的认识中加入"性器官"的认识，逐步培养他对"男女有别"的认识。你可以直接提问"宝宝的小鸡鸡在哪里？""宝宝用哪里尿尿？"等。这对宝宝非常有益。

方法四：性别角色定位的锻炼

在孩子生活的环境中创建相关的游戏区，比如有厨房区、工具修理区等，引导孩子进入游戏并扮演不同的角色。先让宝宝自己挑角色，"你是当爸爸还是妈妈？"在宝宝的扮演过程中，尽量先观察宝宝针对自己扮演的角色是否能把握性别特征，适当的时候可以提示宝宝他可以做的事情。通过有意识的锻炼，短时期内就能让宝宝加强他对自己的性别定位，利于他的成长。

 延伸阅读：父亲成就男子汉

爸爸要明确自己的责任和角色，那就是自己对男宝宝的个性成长极为重要，起着举足轻重的作用。小男孩能否顺利地成长为小男子汉，很大程度上取决于爸爸的表现。

1998 年 6 月，美国的《父母》杂志中，爸爸被认为对宝宝尤其是男宝宝的一生有下列影响：

爸爸跟妈妈是不同的；

爸爸更爱与宝宝玩闹；

爸爸对宝宝的推动作用更大；

爸爸使用的语言更复杂；

爸爸对宝宝的约束更多；

爸爸使宝宝更社会化，为他走进现实世界做准备；

介绍男人在现实生活中的作用和行为；

帮助宝宝发挥潜能。

从这些作用可以看出，在男孩个性的形成和行为的塑造方面，爸爸扮演的角色是至关重要、独一无二的。

在 3 岁左右，大部分的小男孩便有意和妈妈拉开一定的距离，努力去建立一种男性的身份了。这时的他们，更喜欢和爸爸一起玩，并充满崇拜地模仿爸爸的男性风格特点，有时还会非常明显地表现出来。

比如在一家人和亲戚坐在一起吃饭时，有的小男孩会热情地招呼爸爸："爸爸，快来，我们男的坐在这儿，女的坐在那儿。"他就是想让人们清楚，他是像爸爸一样的一个人。这就是他在刻意地模仿爸爸的动作行为和男性风格，使自己和"女性角色"保持距离。

所以，在亲子教育中，爸爸们首先要清醒地意识到自己将要扮演的是什么角色。爸爸所给予儿子的健全的男性作风模式，是儿子在今后能够顺利发展的基础和推动剂，对他的一生都将起到决定性的推动作用。

我们都知道"蝴蝶效应"，说的是一只蝴蝶在巴西的森林中扇动一下翅膀，可能就会引起美国加州的一场龙卷风。同理，作为榜样的爸爸在宝宝小时候的某个不起眼的行为，就有可能在不久的将来左右儿子的一个重大的决定。

有的社会学家认为，如果男孩 80% 的时间和母亲在一起，他们长大以后就不知道怎样做男人。男孩不知道怎样做男人，就会越来越像个长不大的大孩子。在父亲角色缺失的情况下，男孩的损失要大于女孩。这也是为什么人们总说女孩好养活的原因，因为女孩承担的社会责任和性别特性远不如男孩那么沉重、鲜明。

那么从现在开始，作为宝宝爸爸的大男子汉们，请注意在儿子面前保持自己的良好形象吧！因为你的宝宝就像一部感知灵敏的雷达，正在密切地观察你的一举一动，并模仿各种被你忽略的琐碎细节。

明天，他最大的可能就是成为今天的你！

第六章

夸赞一句胜过说教十句

宝宝的心灵就像正需要浇灌的娇嫩的小树苗，他需要肯定，需要夸赞，而不是枯燥的说教。用欣赏的眼光看待宝宝，用肯定和夸奖去激励宝宝的成长，开发他的潜力，是家长送给宝宝的最好的礼物。

对儿子的任何评价之前都要加一句肯定

家长可能会感到疑惑，什么是对宝宝的"肯定"呢？儿子不管做得对不对，父母又如何先对他进行"肯定"呢？如果儿子做了错事，让自己很生气，怎么能肯定他的行为？

广义上看，"肯定"是指对某件事或某人的言行，表示一定程度的支持与赞同，而给予的适当的正面的响应。对天真无邪的宝宝来说，亲子教育的专家主张，无论他是做错还是做对了，在作出评价之前，先对他进行肯定，都会起到巨大的正面效果，保护他的自信心和希望做得更好的热情。

就事论事固然不错，但我们要考虑到宝宝的年龄，他的接受能力，心理的成熟程度。

学做宽容的父母

"你瞧你，笨死了，这么简单的事情，你一点都学不会！"

"哎呀，我的小祖宗，错了错了！你怎么能这样做？"

"你太让爸爸失望了，什么时候能聪明点，多长点心眼？"

……

类似的话，是不是听了很多，也说了很多？很多父母没有耐心，当宝宝做错一件事，或者做事的方式不符合自己的期望时，立刻就像一把刀，把宝宝的热情一刀斩断，泼他们一头凉水。

结果只能适得其反。

挑剔的父母总是在否定孩子，拿孩子的短处和别人家孩子的长处去比，总是在说："你看看人家，你为什么没有他的一点优点呢？"宝宝每天生活在这样的否定的环境中，难免自暴自弃，心胸也跟着狭隘。

宽容的父母则不同，他们总是在肯定孩子，总能从宝宝错误的行为中发现点点滴滴的进步。比如，"宝贝，很好，你比昨天又进步了。""没关系，已经很好了，下次咱们再来！""孩子，你做得挺棒，邻居家的小刚就不如你呢！"在这样宽容的环境中，宝宝会变得很有耐心，每天信心十足，更有热情去开发自己的潜力，学习知识，努力尝试。

生活在肯定的环境中，他们将来会成为真正的男子汉。

儿子犯了错，不要急于否定

阳阳的老师让妈妈去幼儿园开家长会。老师说："大班 20 名小朋友，这次智力测验，你儿子排在最后一名，我是尽了最大努力，可他总不开窍。我怀疑他智力上有点障碍，您最好能带他去医院查一查。"

回家的路上，阳阳的妈妈流下了泪。然而，回到家里，看到诚惶诚恐的阳阳，妈妈马上振作起精神，对坐在桌前的儿子说："阳阳啊，你受表扬了。老师对你充满信心。他说了，你一点都不是个笨孩子呢，这次测验的成绩虽然不太好，但只要下次能细心些，专心一些，就一定会超过其他小朋友的。"

说这话时，她发现，阳阳暗淡的眼神一下子充满了光，沮丧的脸也一下子舒展开来。她甚至还发现，儿子温顺得让她吃惊，好像长大了许多。第二天去幼儿园时，他起得比平时都要早，还主动为妈妈和爸爸倒上牛奶，说话也开心了很多。

次月的第二次智力测验，阳阳竟然一下子进入了前 10 名。老师当着全园小朋友的面表扬了他，还发给了一个小小的纪念品。回到家的阳阳，骄傲地向妈妈展示着奖品，脸上的自豪不言而喻。

看到了吗，这就是肯定的力量，引导的力量！

我们给父母的建议：

生活中，成长中，宝宝总是会做一些错事或者很了不起的事情的，如何既保护他的自信心，又能让他认识到不足。避免他的骄傲呢？

1. 在对宝宝作出评价之前，父母请先思考 10 秒钟，对事情的性质进行定位，不要轻易说出"对"或"错"。

2. 对宝宝的夸赞，要为后面的引导、激励或纠正埋下伏笔，这是一个相辅相成的过程，切忌夸完就没后话了，这样的夸赞没有任何意义。

3. "肯定"的目的是建立宝宝勇敢面对问题的自信心，父母在作出评价之后，最好和宝宝一起进行相关的交流，了解宝宝真正的想法。

4. 父母最好建立一个"问题日记本"，定期跟踪宝宝处理事情的能力，以掌握宝宝的成长轨迹。

让儿子知道父母以他为荣

天天学会走路用了两个多月的时间。起初，爸爸用围巾系住他的腰，帮扶着他在软软的地板垫上练习，每次看着好像能站住了，一旦松开围巾，天天立刻就趴倒了。

过程很艰难，看着儿子摔了无数次，哭了无数遍，爸爸很不忍心。不过，最终还是等到了天天独立走路的那一天。

"好儿子，你真棒！爸爸和妈妈都为你自豪！"爸爸高兴地把天天抱在怀里，望着他的眼睛，夸奖儿子，让儿子也分享自己的快乐。

天天脸上布满了笑容，听到爸爸的赞美，小家伙尽管不是十分明白，但他笑得依旧很得意。因为他感到自己做成了一件让爸爸非常高兴的事情。

宝宝的成功之旅，充满了很多的第一次。第一次走路，第一次跑起来，第一次用筷子，第一次自己穿鞋等，对我们来说，这些根本不算什么，但在宝宝眼中，也许就是道道艰难险阻。他们也有气馁的时候，也会有灰心丧气之时。作为父母，应该随时让宝宝感受到自己的支持，让宝宝知道，父母以他的进步为荣，以他的每一步成长为骄傲。

当宝宝感受到爸妈的期待之后，他就会充满无穷的热情，激发出自

己更强的动力。

幼儿园里，一个小朋友不小心摔伤了脚，小明看到了，用最快的速度告诉了老师，还帮着老师去给小朋友按摩红肿的小脚丫。为此，他受到了表扬，得到了一个奖状，受到了全园小朋友的羡慕。

下午回家后，小明迫不及待地把奖状拿出来，兴奋地展示给妈妈看，说："妈妈，你看！老师发给我的！还让所有的小朋友都向我学习呢！"

妈妈此时正在厨房忙得不可开交，头也没抬，就说："别闹了，没看见妈妈忙着给爸爸做饭吗？一边玩去！"

迫切要得到妈妈的承认和表扬的小明，当头被泼了一盆冷水，笑容一下就消失了。他垂下头，在原地站了好长时间，呆呆地望着手中的奖状。妈妈的身影还是在厨房里晃来晃去，没有一点过来看看他的意思。

小明默默地走回自己房间，把奖状压在了一个小箱子的最底下。他心里想的肯定是：再也不会在妈妈面前炫耀自己的事情了。

家长这样冷淡的态度，最容易对孩子造成伤害，让他误以为自己对父母来说一点都不重要。他会想："妈妈根本不在乎我，她在乎的是爸爸下班回来能不能吃上饭，至于我是得到奖励还是受到了批评，她才不管呢！"

宝宝的想象力很丰富，妈妈一句无心的气话，就会让他浮想联翩，甚至会让他想到，即使自己在马路上走丢了，妈妈也不会着急的。

父母应该以儿子为骄傲，并且把这个明确的信息传递给他，才能避免这种情况的出现。

任何微小的成功，都能增强人的自信。一个孩子，当他写好了一个字，念出了它正确的读音，做对一道题，得到一面小红旗，洗净了一双袜子，做出一个菜，钉好一枚纽扣，擦净一次地板时，他都会有成功的喜悦，会期望自己下一次做得更好。作为家长，给孩子一次肯定，给他一次自豪感，让他感觉到自己对父母的重要，让他积累这些成功的体验，并不是多么难的事情。

大处着眼，小处着手。时刻鼓励，处处叮咛。让孩子在一个个小小的成功中，积累一分一分的自信。

我们给家长的建议：

对3岁的宝宝，言语的肯定和鼓励，有时不见得效果多么明显，毕竟再甜美的蜜吃多了也难免平淡。家长可以为自己的宝宝设立一个小小的荣誉室，一个成绩册，或是在客厅显眼的地方，做一个宝宝的成绩陈列台。每当宝宝做了一件成功的事情，获得了一次进步，受到了一次表扬，就把它记录在册，或把幼儿园发的奖品、奖状之类的实物摆放在那里。

"永不满足"是强者的宝贵品质，是男孩的天性。这样的方式，也会间接提醒孩子"我有能力取得更大的成功！"激励他在未来做得更好。

高度赞扬儿子的同情心

同情心是人类一种高贵的情商，是我们健全的人格中的一部分。从小就培养和鼓励宝宝的同情心，益于他的情商发育，利于他形成丰富多彩的情感，建立良好的价值观和道德情操。

同情，就是关心他人的一种善良，是与人相处的第一扇门，是定位自己情感的一种能力。一个没有同情心的人，他的感情世界是没有颜色的，是冷漠的荒原，是僵硬的漆黑的无底洞。

没有人想让宝宝成为一个没有同情心的人，不是吗？

受伤的小狗

妈妈带着桐桐在公园散步。在回来的路上，不知从哪儿跑出来一条小狗，被一辆三轮车轧断了腿，卧在地上痛苦地汪汪直叫。

桐桐一下就站住了，愣愣地望着小狗。妈妈拉了好几下，都没拉

动他。

妈妈说："快走吧，别看了，狗血很脏的！"

桐桐突然对着妈妈大声说："不许你这么说它，它的血一点都不脏！"说着，他兀自走到小狗身旁，蹲下去，想去抚摸它，可又不敢。

他的嘴里还轻声地说："小狗呀，小狗，你疼吗？为啥这么不小心啊，让坏人轧着你了。"

妈妈生怕小狗咬到儿子，急忙走过去，发现桐桐的眼睛里已经含满了泪水，正顺着胖乎乎的腮帮往下流呢。

那一瞬间，妈妈被儿子感动了。她说："好儿子，要不，咱们打电话给动物救护站吧，让动物医生给它的腿包扎，好吗？"

儿子这才破涕为笑，高兴地说："好啊好啊！"

晚上，妈妈把这事从头到尾讲给了爸爸，爸爸听了，"狠狠"地把儿子夸奖了一顿。爸爸是这样对桐桐说的："宝贝，你今天做了一件非常了不起的好事，知道吗？你救活了一条小生命呢！"

看，赞扬的过程中，让儿子明白了"同情"的价值，不仅仅是一种自然的感情，还是一件对社会有益的事情。

给爸爸的安慰

有一天，桐桐被爸爸抱着在沙发上玩得正兴奋，手里的摇铃拼命挥舞。突然，爸爸被桐桐手里的摇铃打中了头，疼得"哎哟！"大叫一声。

其实也不是很疼，但爸爸故意装作很严重的样子，咧着嘴，皱着眉头。

桐桐顿时停下了游戏，他跪在爸爸身上，安静地，看着用手捂住头的爸爸。几秒钟之后，他忽然用一双小手捧住爸爸的头，把自己的脸贴在爸爸脸上。他神情很乖巧、很歉意、很同情。他在安慰被他打疼了的爸爸。

那一刻，爸爸和妈妈都被儿子感动了。这次，及时给予了儿子赞扬的是旁观者的妈妈。

鼓励孩子的同情心

要让宝宝关心爱护他人，亲身经历是必不可少的，家长的鼓励、纠正也非常重要。例如鼓励宝宝给别的小朋友擦眼泪，帮病人拿药，替爷爷拿拐杖等帮助他人的行为。当宝宝做了这些事情的时候，家长要及时送上最真诚的赞扬，给予他们足够的自豪感和成就感。

其实，同情心也是孩子的一种天性。你的宝宝也许从生下来就是家里的小霸王和小皇帝，饿了渴了困了无聊了，稍微有点儿不舒服，他就会以大哭示意你的"伺候"不周，向你表达他的不满。但是，在他长到2岁的时候，有时他就会出乎你意料地表现出他内心的同情与善良了。

比如看到小朋友哭了，他会拍拍小朋友的肩膀，或者把自己的饼干分给他吃。再比如像桐桐，看到受伤的小动物，他会很伤心地流下眼泪，还希望妈妈能救助它们。

宝宝所表现出的最天然的同情心，是他们内心淳朴善良的天性使然。宝宝第一次表现出这种善意，可能是他真的为他人的伤心所感触。当然，也可能是他根据曾经看到你面对类似的情景时，所流露出的表情或言行，自己领会着想象着而发展出来的。宝宝对于这种同情和善良的感受、领会、学习与表达，能够超越年龄带给他们的认知局限，对于孩子人格的塑造和发展，有着极其重要的积极意义。

对于爸爸妈妈来讲，我们要以赞扬的方式鼓励孩子的这种善意行为，让他感到对别人好，是一件让别人和他自己都开心的事。而如果你的宝宝暂时还没有表现出这种同情心，你也绝对没有必要觉得有什么不好。不是所有的孩子都一定会表现出来的，也不是所有的孩子的表现方式都是相同的。

比如下面这个例子：

圆圆是个调皮任性的孩子，因此妈妈觉得他有时候太自私了。在和

邻居家的小弟弟一块玩时，圆圆老是抢人家的玩具，还喜欢动手打架。

可是有一天，妈妈动手打了一下家里的小狗，突然发现圆圆跑到小狗的身边，轻轻地抚摸它，抱了抱它。嘴里还说："小狗乖，妈妈打你，一定很疼吧，来，让我看看吧。"

你看，爱和同情的表达其实是多方面的，爱和同情也同样是可以学习的。让我们慢慢来启发和鼓励孩子的同情心吧，因为宝宝们都是善良可塑的。

给儿子一些有关男子汉的赞赏

"儿子，你做得真好，男子汉就应该这样！"

"宝贝，加油！做个最勇敢的小男孩！你一定行的！"

……

你常这样表达对儿子的赞赏吗？你知道，当男孩听到爸爸和妈妈赞扬他是男子汉，并以男子汉的标准来要求他时，内心会有多么满足吗？如果你还没有做，请不要再犹豫了，因为男孩需要你"承认"他的男子汉地位。

让宝宝知道他是个顶天立地的小男子汉，既可以增强他的自豪感，还能顺势对他的行为做出方向性的导航，激励他向着真正男子汉的目标一步步地健康成长。

在宝宝看来，男子汉既是目标，也是一种荣誉。

小海对家里的垃圾桶特别感兴趣，一不留神就拎起来把垃圾给倒出来，然后就喊妈妈过来看他的"杰作"。他太顽皮了，总想给大人制造麻烦。每次，妈妈都苦口婆心地告诉他："垃圾桶脏，宝贝不摸，听话！"可他像没听到一样，反而变本加厉。

这话说多了，小海也学会了。晚上，妈妈正在看电视呢，小海靠在她身边，念念有词地对她说："垃圾桶脏，不摸……"妈妈正想表扬他呢，他两步过去，抓起垃圾桶又翻了过来，扭过脸来，对着妈妈"嘿嘿"地笑。

这时，爸爸从书房出来看到了。他没有重复妈妈的话，而是指着洒了一地的生活垃圾，和颜悦色地对小海说："你看，这些东西把地板都弄脏了，别的小朋友来玩的时候，都会笑话你的，因为这不是男子汉应该做的事情。男子汉应该把家里搞得干干净净的，小朋友才会喜欢跟你玩，明白吗?"

妈妈三番五次没有纠正的宝宝的"陋习"，爸爸只说了一次，就让小海改正了错误。从这以后，小海再也不打垃圾桶的主意了。不仅如此，小小年龄的他，竟然还主动学会了用抹布擦地板。边擦还边说："地板要干净才行，不然就没人来玩了。"

看着他趴在地板上，认真地、吃力地、一本正经地擦地板的样子，爸爸和妈妈相视一笑：原来，"男子汉"的称号对宝宝是这么重要呢！

另一位妈妈，丈夫经常出差。每次出差，他总会把儿子叫到身边，告诉他说："在家，你要听妈妈的话，你是一个男子汉，爸爸不在家，你要保护妈妈哦!"久而久之，儿子在家里就以男子汉自居了。妈妈买了菜回到家，他会主动帮助妈妈拿，有时她怕儿子拎不动，儿子就会很骄傲地对她说："我是男子汉嘛!"

就这样，在家里，才3岁多的儿子总是帮妈妈干这干那，每次干完活之后，儿子都会得到全家人的夸奖："看，咱们的小男子汉真了不起，越来越懂事了!"

宝宝听了这样的夸奖，会做得越来越好。

自从爸爸夸奖他是小男子汉后，小海就像变了一个孩子，爱干净了，很少胡闹了，还变得越来越勇敢了。有一次带他去医院检查身体打预防针，领着他去验血，指头上扎了一针，他竟然一点都没哭。医生在挤血的时候，他还朝医生"哼"的凶了一下。逗得周围的人和医生都

笑了，都说这个小孩真勇敢。

小海昂着头："当然了，爸爸说我是男子汉！"

虽然接下来打针的时候，因为是第一次打针，小海着实哭了一顿，可从医院出来，小海马上对爸爸道歉："爸爸，下次我一定不会害怕了，好吗？"

这就是"信仰"的力量，爸爸通过上一次的教导，已经为宝宝植入了"男子汉"的信仰，激活了他身体内勇敢的天性。在男孩成长的道路上，这可是一笔最宝贵的财富。

不要进行空洞的夸奖

夸奖不是廉价的，不能随口就来，想说就说，也不可言之无物。宝宝有他自己的判断能力，一件事情是做得好还是做得不好，他的心里也会非常清楚。所以，家长一定要避免空洞的夸奖，尽量言之有物，说到点子上，说到孩子的心里，对他起到切实的好处。

宝宝画了一幅画，爸爸随便搭眼一看，张嘴就说："哎呀，真美，你的画是最棒的！"

儿子写了一个字，妈妈连写的是啥字都没看清楚，就说："宝宝做什么都做得最好，你看，这个字真漂亮！"

但事实上，可能孩子对自己的作品并不满意，或者其实很糟糕，心里正盼望父母的指导呢。即便是年龄很小的宝宝，他也能大体知道自己到底有没有做好。他能看出来，与上次相比，自己是进步了，还是退步了。

所以有些家长发现，当自己夸奖宝宝时，他还会撅着嘴并不认同呢。

牛牛很不开心，因为他自己用积木搭的高楼又一次轰然坍塌了，根本立不起来，而邻居家的小姐姐却每次都能搭得又高又稳。这真让人丧气，怎么办呢？牛牛的爸爸过来安慰他："嘿，你搭的高楼挺好的。"

看到牛牛还是高兴不起来，爸爸又说："要不然，爸爸给你搭一个吧。保管比姐姐的好。"牛牛一听就急了，坐在地上把腿蹬来蹬去："我不要，我不要！"

其实，爸爸错了，这种情况，勉强抬高儿子的表现起不到什么效果。因为姐姐的成功牛牛看在眼里呢，他知道自己做得一点都不好。爸爸对儿子说的应该不是勉强的表扬，而是明确告诉他："姐姐搭得好是因为她比你大三岁呢。她在只有你那么大的时候，也不会搭高楼。"

如何选择夸奖儿子的时机，如何让自己的赞扬起到效果呢？我们给父母以下建议：

1. 表扬要具体

比如，孩子画了一幅好画，父母要避免用假大空式的评价的语言，像上来就说"画得好美，你真是一个小画家"这类的语言，就比较极端。第一是宝宝可能不满意你的评价；第二，会让孩子养成对高期望评价的依赖，容易让孩子过于满足，失去更进一步的动力和欲望。父母要真正发现孩子的画美在哪里，具体描述他在主题、构图、色彩、创新等方面的长处，做到言之有物，这种客观具体的赞美能让孩子明白自己到底好在哪里，自己在哪一方面还要改进。这样，孩子得到的不仅是赞美和激励，还提高了认知水平，得到了具体的指导。因此，对于孩子来说，描述事实远胜于空洞的赞美。

再比如，宝宝帮助了别人，你要夸奖他，不能只送给他一顶"小男子汉"的帽子，还要告诉他人与人之间为什么要互相帮助，让他真正地明白其中做人的道理，进而明白这个社会的性质其实就是人与人之间的关系。而帮助别人，就能让他积累很好的人际关系。

2. 表扬要及时

宝宝的良好行为一经发生，家长就要及时肯定，时间越早，效果越好。这样就能强化他对被夸奖的记忆和感受。经常这样进行及时的表扬，还会让宝宝产生新的好习惯呢。比如，宝宝早上起来主动刷牙了，家长应该马上表扬孩子："真不错，知道主动刷牙了。"下次，儿子又主动刷牙，然后再次马上表扬："儿子真棒，越来越自觉了。"就这样，一次、两次、三次……儿子的一个好习惯就这样形成了。接下来你不用再提示，他就会主动去做了。千万别等到孩子的热乎劲过了，事情都快忘记了，你又跑过去送上赞扬之词，宝宝自己也会莫名其妙的，起不到作用。

3. 记得表扬儿子的第一次

宝宝在第一次完成某件事时，如第一次自己穿衣，第一次做好事，内心特别渴望得到别人的关注、夸奖和肯定。这时家长应该充分地表达对他的赞赏，肯定他的成绩。即使完成得不是很好，也应该找出做得好的一方面进行夸奖，防止孩子的自信心受打击。这样可以极大提高孩子的自信心，使宝宝越来越自信，越来越有上进的动力，也更愿意去挑战自己更多的第一次。

4. 表扬要因人而宜

根据宝宝的性格来决定表扬的次数、轻重和方式。对外向冒险型的孩子不宜过多过重地表扬，只需恰当地表达对他的赏识，并随时准备指出他的不足，以防止他滋生骄傲和虚荣（外向型的孩子特别容易这样）。而对内向保守型的孩子，则应及时并充分地进行赏识，以激发他的自信心，即便稍有不足，也可淡化或忽略。

你看，单是表达对宝宝的"赞赏"，就有这么多要注意的细节呢！

给儿子一个能达到的目标

"妈妈，我试了好几次都学不会，为什么还让我学啊？"

"爸爸，我觉得好难，能不能让我玩点别的啊？"

……

当我们给宝宝一个"任务"时，宝宝经常会这样表达他的不解。3岁之前的宝宝，正处于学习的起步阶段，对世界刚开始了解。我们对他的期望值不要太高，应该一步一个台阶。在锻炼他的能力时，先从低级的目标开始，并且用一个宽容的心态去对待他的成果。

给宝宝一个能达到的目标，也是保护孩子和家长双方的心态。太高了就难免会失望，进而影响亲子关系。而且，孩子的压力大，对他心理的发育也不利。婴幼儿和童年时期，是他们放开性子享受人生的早晨的阶段，最忌讳的就是给宝宝太多压力。因而，父母应该循序渐进，避免功利化的培养目的。

有一位妈妈，眼看着周围很多邻居的子女都出国了，心里很羡慕，希望自己的孩子将来也能出国留学。带着这样急迫的心态，她给宝宝制订了一个英语培养的计划，每天都教宝宝练习英语，而且量很大。但是这位妈妈犯的错误太大了，宝宝才3岁多一点，母语还没学全呢，哪里学得了英语？英语的介入至少要在6岁之后。

所以，宝宝练习的过程不断地出现错误，他分心太多，小脑袋里装着玩具、游戏还有很多的好玩的东西呢，对妈妈交代的这项新任务，打心眼里充满了抵触，不想学，也学不会，最简单的字母也经常背不上来。失望的妈妈就开始怪儿子太笨，早上说他笨，晚上也说他笨。每次受批评，儿子都委屈得直掉眼泪。

这就是目标太高的典型表现，其他的，像逼着儿子学音乐、练书法等，都是在3岁这个阶段绝不可涉及的课目，很多父母却强行给宝宝上马了。父母恨不得把自己当年失落的理想，全都寄托在孩子的身上，由他去完成。

我们说，这样的家教就是不伦不类。3岁的宝宝，绝不可对他进行任何功利性的培养，这正是一个观察和发现他的原生的潜力的阶段，应该重点引导和培养他的天性，不能给他定下无法承受的目标。

"望子成龙"、"盼女成凤"是家长们的普遍心态，我们都理解。但是现实与人们的期望往往有差距，而且人的成长是分阶段的，不能将成人要担负的压力放到宝宝的肩膀上。所以，对孩子的期望是有一定讲究的，尤以 3 岁宝宝为关键。这一期间，绝不可凭自己的好恶出发，替孩子设计未来的蓝图。我们只需要给孩子一张白纸和无数的颜料就行了，让他随着个人的喜好，自己去画属于他的风景。

作为父母，我们该如何把握目标的制定呢？

第一，让孩子始终生活在轻松愉快的氛围中，激发他的自主性，但不要定下量化的目标。

第二，重视生活中的随机教育，从转瞬即逝的玩耍中把握教育机会，让孩子"玩中学，学中玩"，但对结果不要太过在意，切莫让宝宝认为结果对你很重要。

第三，以综合性的潜力教育为主，重点开发孩子认识世界的能力，不要为他制定未来的具体目标，比如"要训练他成为音乐家"之类，更不要直接告诉孩子"你将来要成为作家或科学家"之类的话，应该让他随着天性的发展，自己去作选择。

 延伸阅读：赞美，点石成金的魔力

一棵小苗，最需要的是浇水，不是修剪；同理，对男孩而言，赞美永远比说教和批评有效。

3 岁左右的宝宝，正处于培养自信心的时候，他对一切都充满了好奇，总是会做出让你意想不到的事情。有的做对了，有的做错了，都很正常。这时家长采取的态度，就会决定他们今后如何面对同样的事情。

有一首名为《如果》的小诗，诗中这样写道："如果一个孩子生活在讽刺中，他就学会了自卑；如果一个孩子生活在赞美中，他就学会了自信……"

赞美就具有这样点石成金的魔力，它能够让一个自卑的孩子拥有自信，也会让一个普通的孩子成为天才。

俗话说得好："教子十过，不如赞一长。"批评孩子的十个缺点，不如赞美他的一个优点。

但是家长需要注意的是，赞美是为了增强孩子的行为能力，所以必须特别强调那些使我们满意的具体行为，找对正确的方向，做到有的放矢。赞美越具体，孩子对哪些是好的行为就越清楚，遵守这些行为的可能性就越大。

赞美的目的：

1. 培养孩子良好的行为习惯和道德品质。

2. 树立他的是非观念。

3. 增加自控力。

4. 给孩子所需要的价值感、信任感和自信心。

5. 强化宝宝获得成功的情绪体验，满足他的成就感。

6. 激发孩子尝试的兴趣和探索的热情，以求获得更大的成就。

赞美要言之有物，适合孩子的具体情况。

下面是一些合适的赞美词汇：

1. 你很有主见（主见是为人之本，是一个能自立于社会的重要因素）。

2. 宝宝，你很坚强（人的一生是免不了挫折的，有了坚强才可能走向成功）。

3. 这么做是对的（培养明辨是非的意识）。

4. 你很关心奶奶（尊老，是尊重他人的第一步）。

5. 宝宝，太棒了，这个问题你解决得很好（独立解决问题的能力）。

下面这些不合适的赞美，则是我们要极力避免出现的：

1. 你真是个乖孩子（太空洞，因为乖并不一定等于好。例如，小

117

朋友抢了他的玩具，他一味地乖，这只会滋生他性格的怯懦）。

2. 你很听话（对长辈的不妥当要求，孩子可以提出异议，也可以拒绝）。

3. 你画得真像（对于小孩学画，赞扬其模仿技巧，不如赞扬其态度认真）。

4. 宝贝，你拿了全班第一，真是顶呱呱（分数最高的，未必就是最优秀的）。

5. 你真聪明，别人都不如你（聪明是先天的，非孩子之能。如此赞扬很容易误导他走向自恃、懒惰）。

6. 宝宝长得最帅了，别人都比不上（这是最为低劣的赞扬，它容易使孩子陷入自赏自怜、沉溺无为的境地）。

……

由此可见，赞扬也是需要技巧的哦！不知各位家长平时是否注意到这方面的问题？如果以前疏忽了，那就从现在开始，做一个会赞扬的父母吧！

第七章

有些话，千万不要对他说

　　你知道吗？有些话，爸妈对宝宝是万万说不得的，像一些情绪式、打压式、对比式和悬赏式的语言，这对于解决问题、辅助宝宝的成长没有任何帮助，反而会造成他的负面情绪和行为，误导他的理解。因为我们的宝宝只有3岁，他对我们是持一种仰望的态度，还不能完全理解大人的心理，很容易受到伤害。父母要警惕这些挂在嘴边的"刀子"，以免它们割到孩子的心灵。

忌语一："你不是我儿子！"

危害：打击孩子的自尊，引起他的心理恐慌。

宝宝有时不听话，或者做错了事情，家长气极的时候就会有很多难听的话说出来。我们建议父母说气话之前，一定要先想想这些语言的后果是怎样的，比如这句"你不是我儿子！""我怎么生了你这种孩子！"类似的意思在家长的气话中是出现频率较高的，它对孩子的伤害性也最大。

有一段时间，朋朋在幼儿园特别不听话，老师布置的游戏不好好玩，还打别的小朋友。老师就经常告诉他的爸妈，但是屡教不改，朋朋还是照旧，欺负小朋友，跟老师搞对抗。

爸爸实在气极了，找了个机会，把朋朋打了一顿，连吼带骂地说："真是没法管了，你简直不是我儿子，一点教养都没有，跟垃圾桶里捡来的一样！"

朋朋才3岁半，但他一下子就听懂了。以前爸妈再怎么训斥他，甚至打他，他都是一副皮厚肉糙的样子，任尔东西南北风，我自岿然不动。可听了这句话，朋朋吓呆了，吓傻了，嗷嗷地哭，豆大的眼泪不停地流，边哭边辩解："爸爸，我再也不敢了，再也不敢了，你别赶我出去。"

这么小的孩子，他怎么能分清爸爸说的是真还是假呢，只知道爸爸不认他当儿子了，要赶他回垃圾桶了，要永远离开这个温暖的家，离开爸爸妈妈了。宝宝又处在一个很喜欢联想的阶段，他还会想到垃圾桶里面又脏又臭，虫子爬来爬去，是个地狱一般的地方，更会产生恐惧心理。

你想，对宝宝来说，还有比这更可怕的事情吗？

孩子再没出息，再不争气，家长也万不可拿血缘关系来开玩笑，因为他确实会当真，会因畏惧而自卑。可以说，在亲子教育中，这是最愚蠢的一句话，对宝宝的伤害会一直留在他的潜意识里。如果你经常时不时地说上这么一句，恐怕更会在宝宝的心里留下阴影。

忌语二："你挨了打，为什么不还手？"

危害：教唆似的批评，容易误导孩子的行为倾向。

家长说什么，宝宝就听什么。孩子不就是这么教出来的吗？亲子教育最怕的就是父母用成人的思维去刺激宝宝，因为孩子是不懂大人的幽默与玩笑的，他分不清哪句是气话，哪句是真话。他只会根据爸妈的情绪来进行判断，然后决定自己今后的行为。所以，家长教唆似的语言对宝宝会造成一连串的不利影响。

妈妈去幼儿园接天天，看见儿子红肿着眼睛出来了，一副垂头丧气的样子，就问他怎么了。

天天说："今天李小广欺负我了，他打我。"

妈妈又问："快告诉我，他打了你，你是怎么做的？"

天天说："我赶快告诉了老师，老师狠狠地批评了李小广。妈妈，你说我做得对吗？"他用期待评价的眼神望着妈妈。

其实，这种时候是家长对宝宝进行肯定和引导的最佳机会。但这位妈妈顿时气不打一处来，黑着脸训斥儿子："你怎么不还手啊！下次他还欺负你！你真气死了我！"

晚上吃饭时，妈妈越想越生气，又把儿子说了一顿，还告诉儿子："记住啊，以后别再这么窝囊，该出手时就出手。"你看这位家长，好汉歌的歌词都用上了，就这么教儿子。

结果天天把妈妈的话牢牢记在心里，没等李小广欺负自己，他就先去欺负李小广了。第二天早晨到了幼儿园，一看到李小广，天天就板着脸走过去，使劲一推，就把李小广推了个仰面朝天。

老师赶紧制止了他的挑衅行为，并问他："天天啊，老师昨天不是已经批评李小广了吗，你为什么要记仇呢？这可是一种不好的行为啊。"

天天认真地对老师说："因为妈妈告诉我，挨了打就要还手，不然就是小软蛋，是窝囊废！"

老师哭笑不得，他跟天天的妈妈进行了电话沟通，跟她说，这样做只会有一个后果，就是让孩子以为拳头能解决一切，助长歪风邪气，对他们的成长极为不利。

有的家长还经常把这句话用在自己身上，比如有一位爸爸打了调皮捣蛋的儿子一下，还横鼻子竖眼地对儿子吼："还手啊，还手啊！怎么不还手？"这叫什么话呢？孩子根本不知道自己该怎么办，他怎么敢跟爸爸还手？完全给吓糊涂了，会让孩子天真的心灵以为自己犯了非常严重的错误。本来很小的事情，也会让他的内心留下很深的伤痕。

忌语三："不要再胡闹了！"

危害：约束孩子的天性，容易给宝宝造成一种拘束的感觉。

宝宝的情绪一旦失去控制，或者玩得太投入，他的"胡作非为"就会令头痛的父母无所适从，烦不胜烦。如果家长恰好正有事情要做，需要安静，爸爸妈妈就容易头脑发热，直接与宝宝"交锋"，脸红脖子粗的，强行让孩子停下来，有的父母一冲动也容易动手打孩子。

有一次阳阳从幼儿园放假在家，爸爸妈妈变着法地想着新玩法，周六带他去儿童游乐园，一家人欢天喜地地出了门。可是到了游乐园，阳阳像放风一样地要求父母玩这个玩那个，不如愿就开始满地打滚。妈妈

起初还很有耐心，劝止阳阳，但最后终于气急了，吼道："胡闹什么？老实点不行吗！"这下阳阳更是放声大哭，妈妈既生气又尴尬。

这么去训斥孩子，一点效果没有，只会起到反作用。从宝宝几个月开始，他就已经理解人的各种面部表情。父母的教育方法简单粗暴，对他强制约束，孩子会感觉不知所措，有一种受到拘束的强烈的感觉，因此对父母的教育意图产生误解。时间长了，容易焦虑不安，终日提心吊胆，结果却往往离父母的要求更远。尤其说了这句，再不听话，父母就容易动手打孩子，给他树立一个坏榜样。孩子的模仿性很强，在家里挨了父母打，到外面他就打比他小的孩子了。

当宝宝胡闹时，正确做法是什么呢？

无论孩子怎样大喊大叫大哭大闹，失去控制，或想玩这玩那，干扰家长的情绪，父母都不要对着宝宝吼叫，首先要保持平静的表情面对孩子，严肃地看着他的眼睛，传达你的坚持态度，以他可以理解的方式去跟他交流、沟通。当父母也觉得实在控制不了自己的情绪，则最好采取冷处理，不理睬他的要求，或者把孩子单独放到一间房子里，由他去玩，去疯，去反省，让他在自己的小天地里待一会。

宝宝就是这样的，他胡作非为，出风头，是想让人注意自己。这时一看没人注意了，他慢慢就会安静下来。

忌语四："你怎么这么淘气？"

危害：孩子淘气不是错，天性怎么可以否定和抹杀？易让宝宝变得怯步不前，不敢表现。

两三岁的宝宝正处在最淘气的阶段，常常会在一些场合给父母出一些难题，而且总是以家长意想不到的方式，让你反应不及，没有处理的预案。因此，很多父母往往就是直接"扼杀"，像上面那样，以反诘式的发问去教训孩子。

比如，"你怎么这么淘气？""真是没法管你了，你这是干吗啊？"这样的话，既充满家长的无奈，又会让问题越来越糟。

周日，妈妈带多多去大卖场，妈妈一边挑选商品，一边还得不断快速地从多多的手中抢下那些险些被他踩躏的面包和酸奶，嘴里不停地说着上述之类的话，怪多多的淘气，一个劲地数落他。

总算购完东西排队结账了，在旁的多多却突然不耐烦起来，开始大发脾气，闹得周围的人都看着她俩。妈妈更加着急，她觉得对儿子简直没什么办法了，一气之下，揪着多多的衣领就出了商场。回到家，自然又是一阵疾风暴雨。

妈妈应该反省自己的方式，孩子淘气是很正常的现象，特别是男孩，他们的脑子里充满了搞怪的念头，总想引人注目，做点"不平凡"的事情。有时，你越急，越说他淘气，他反而越会变本加厉，让你看看他有多淘气。甚至，他还会很有成就感呢！

遇到这种情况，家长不要立即跟着不耐烦和发脾气，这样反而会把事态扩大，而是应试图分散孩子的注意力，跟他说些有意思的话，譬如看到白菜，就说个白菜的儿歌；看到手纸，就编个唐老鸭和手纸的故事。如果孩子的情绪仍然没有稳定，再迅速带他离开大卖场，改变一下环境，到一个新环境中，孩子的注意力就会被其他事物吸引开。

还有的宝宝，该睡觉时不肯睡，又是唱歌又是扔玩具，还要跟妈妈玩捉迷藏，把父母折腾得筋疲力尽。此时，家长千万不要说气话，而是冷静合理地去解决问题。

如果父母想让孩子提前1小时上床睡觉，避免他每晚睡前都这么淘气一番，不妨采取这样的办法：给他吃一点水果和小零食，然后带他去洗澡，换好舒服的睡衣，之后是刷牙，再放上一小段轻柔的音乐，每天都应按部就班地完成这套"程序"。如果孩子做到了，就要鼓励他，直到孩子能够自己把这套"例行公事"化为生活规律。家长要记住，孩

子越困就越不愿意睡觉，越不愿意睡觉就会越淘气，越折腾。让孩子睡觉，切记一定要在他筋疲力尽之前。睡前过度的淘气是会影响孩子的睡眠和身体发育的。

忌语五："长大了没有大出息！"

危害：伤害孩子自尊，让他产生自卑感和对未来的恐惧感。

无论是宝宝还是青少年时期，孩子都是一个独立的个体，家长只能引导他的发展，却不能控制他的走向。有些父母并不在意这些，他们一味以自己的标准来要求孩子，一旦达不到目标，就"恶语相向"，给孩子的自尊造成打击。

爸爸教宝宝玩积木游戏，试了好多次，宝宝都没把小房子搭建起来。每次眼看就要成功了，却轰然倒塌。爸爸生气地说："就你这样，连个积木都玩不好，长大了能有什么出息？一边待着去吧。"

说了这些还不够，爸爸还把积木给收起来，装进了小箱子。从这以后，宝宝再也不敢玩积木了，虽然那个小箱子就摆在客厅的向阳窗台上，伸手就能拿下来，他也只能怯怯地看两眼，没有胆量去取。

从爸爸说他没出息的那刻起，他的心里就像被下了一生的断语。他就觉得，原来我这么笨，长大了什么都做不好。这就是自卑的种子，将来无论再遇到什么事，他都会缺乏做成做好的信心。遇到困难，也不敢找爸爸商量，向家长求助。

有一个孩子，特别调皮，吃了饭就和小伙伴一起玩，从早上到傍晚，弄得全身脏兮兮的，回到家跟变了个人似的，只能把身上洗一遍。不仅如此，爸妈安排的一些小任务，像拆玩具、填字格等益智游戏，他一点不感兴趣，从来不好好做。

时间长了，妈妈就急了，着实把孩子骂了一顿，说："这么下去，你长大就等着去要饭吧，没出息的东西！"

这种话说个一两次还无所谓，有的家长是经常说，因为对孩子期望大，穿衣要讲究，说话要讲究，吃饭、学习更要讲究。孩子生活的一切，家长都制定了严格的标准，逼着孩子按自己的规定来，一旦达不到期望，就数落加嘲讽，好一顿训斥。

能不打击孩子的自尊心吗？能让孩子对未来有一个美好的想象吗？

我们千万别说孩子笨，别说孩子没礼貌，更别说孩子没出息，这些过于直接的伤害性语言，只会泄愤，起不到教育的效果。因为如果孩子真是这样，那么只能证明我们家长没出息，没本事，因为父母才是引领孩子向前进步的最好的老师。

所以，想说孩子"没出息"之前，先反思一下自己的责任。

忌语六："你想要什么，妈妈就给你买什么！"

伤害：无限制地满足孩子，只会养成他的骄娇二气和自我中心主义。

现在的孩子，大多数都是家里的独生子女，家长十分宠爱，有的家长可以说不仅是疼爱，而是已经在溺爱孩子了。只想满足他的一时，完全不为孩子的将来着想，不想想要让孩子养成一个良好的性格。

可是，过分溺爱并不是真正的爱孩子，而是在害孩子。有的孩子甚至变得比较自私，事事以自我为中心。

我们的家长对孩子的要求往往采取了迎合、满足的态度，经常可以看到，每到节假日，有的家长就给孩子许愿："快把作业做完，今天带你出去吃饭，想吃什么就给你买什么！"这种无限制的"口福"奖励在生活中很常见，使孩子的胃口越调越高，嘴巴也越吃越刁。

时间久了，孩子不仅挑食，还成了需要减肥的小胖子。

有一位妈妈领着儿子从幼儿园出来，不知道因为什么原因，孩子对着妈妈就是一阵狂打，然后就是气哼哼地自己大步往前走。走了有五六步，回头把帽子一摘，扔到了妈妈的脚下。妈妈又笑嘻嘻地弯腰捡了起来，屁颠颠地跟在后面，也不生气。幼儿园的老师实在看不下去了，没见过这样的家长。整个过程，这位妈妈满怀宽容、期望、容忍的心对待着自己的儿子，始终满脸含笑，竟然没有一点责备孩子的意思。

为什么会这样？因为这位妈妈平时就把儿子养成了"衣来伸手，饭来张口"的习惯。无原则、无限制地满足，要什么给什么，没有就去买，买不到也要想办法搞到。久而久之，儿子养成了为所欲为的小皇帝性格，以为自己什么都能做，什么都可以干，反正妈妈都能容忍，不会跟自己翻脸，不会拒绝自己的要求。这就是纵容孩子带来的恶果。

爱孩子没错，但爱不等于什么都可以满足孩子。家长的过分溺爱不仅使孩子养成了过多的不良习惯，而且给我们的工作带来了不少麻烦。有的孩子犯了错误，家长不以为然，认为自己家的孩子就是优秀的。这样，就会纵容自己的孩子向坏的一面继续发展。等到他长大成人，再想改过来，为时已晚，吃亏的最终还是孩子自己，会让他在社会上付出代价。

忌语七："不要和他玩，他是个坏孩子。"

危害：损害孩子在人际交往方面的潜力，会减弱他主动与人交往的意识。

"不要和品德不好的小朋友一块玩呀！"

"不要和不听话的家伙说话！"

"不要和那些坏孩子走得太近呀！"

……

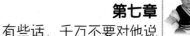

有些父母经常这样告诉爱和小伙伴一起玩的儿子，他们为儿子判断是非，为儿子指明哪些小朋友是可以一块玩的，哪些是要坚决与之划清界限的。简而言之，他们成了儿子交友的大法官，成了儿子的交往的标准，代替儿子思考、做主。

孩子习惯了这样的"教导"，就会在看人处事这方面，失去自己的主见，变得谨慎和保守，什么事情都要回家问父母。

有一个孩子叫嘉嘉，在幼儿园，几乎没有孩子和他一起玩儿，因为老师曾这样告诫其他小朋友："嘉嘉是个坏孩子，你们如果不想变成他那样，就离他远一点儿，不要和他玩儿。"

为什么呢，因为嘉嘉曾经在幼儿园偷吃过东西，被老师发现了，不敢承认。一气之下，老师就宣布他是"坏孩子"了。

有一次幼儿园举行画画活动，嘉嘉没有带画笔，小朋友们都不愿将笔借给他，就在嘉嘉躲在墙角抹眼泪的时候，小凯递来一支笔。从此，嘉嘉便将小凯当做自己最好的朋友，有什么吃的玩的都先找到他去分享。然而，嘉嘉毕竟是大家眼中的"坏孩子"，小凯的父母知道了，狠狠地把小凯训了一顿，再三强调："不许和他一起玩，不然别怪妈妈打你屁股！"

小凯不情愿地跟嘉嘉断绝了来往，这一下，伤害的就是两个孩子。小小年纪的他们，一个失去了拥有玩伴的权利，一个失去了选择玩伴的权利。更严重的是，小凯从此就认为嘉嘉真的是个坏孩子，因为连爸爸妈妈都这样说了。

这不仅让他失去了一个很好的玩伴，还会助长孩子冷漠的心理，在将来的成长学习中，对于所谓的"坏学生"和"坏青年"，产生歧视心态，十分不利于他们健康的价值观的形成。

才几岁的孩子，怎么能轻易论断是"好"是"坏"呢？父母如果干涉孩子在交友方面的判断，尤其是这么小的年龄，对于他将来的性格形成，难免造成人际关系方面的处理障碍。

忌语八："不要随便和别人说话！"

危害：同样是对孩子人际关系锻炼的阻碍，限制他的交际意识，容易让孩子养成自闭的性格。

林林和妈妈一块上楼，遇到邻居家的一位大哥哥，这个小伙子是到这儿来走亲戚，不是常来。大哥哥见林林很可爱，就拉住他的手逗了逗他，林林特别高兴，喊了好几声"哥哥"。

回到家，一关上门，妈妈就阴沉着脸，说："告诉你多少次了，不要随便和别人说话，不然让人把你拐跑了！"

林林委屈地说："大哥哥不是这种人，以前我还见过他呢，又不是第一次说话了。"

妈妈生气地说："这样也不行，反正就是不能和他说话，记住了没有！"

父母担心孩子对陌生人太过信任，会受到伤害。这可以理解，但绝不能成为阻拦孩子正常交往的理由，因为这是两码事。前者，需要增加孩子的判断力，提高警惕性，而后者，却是他这一生立足社会的基础，岂能随便干涉？

其实，对于任何一个男孩来说，他们都希望自己能够有最多的谈得来的好朋友，能够从小伙伴那里获得认可、鼓励、信任和支持。然而父母在这方面的教育却让他们的交往意识在一点点地减弱，比如林林的妈妈。

这种方式或者让儿子不知道何去何从，或者让他们封闭自己、不爱与人交往，甚至让他们变得人缘不好，找不到朋友。

正处在学习知识、了解社会、探索人生时期的男孩，与同龄伙伴交往并建立友谊是正常的心理需要。这时，在不偏离正常人生轨道的前提下，父母不要给他们太多的限制，别暗示他们谁可能是坏人。

这些限制会使男孩过早地世俗、功利，引起他们的不满，激发他们的叛逆心理，进而影响他们的交往能力，甚至会使他们形成孤僻、抑郁、偏执等心理障碍。

现实生活中，很多小男孩的表现已经让人担心了：他们以自我为中心，攻击性强，不合群，女性化倾向严重。因此，他们经常表现出不愿见生人、不敢与生人说话、无法与别人相处乃至不懂得如何与人相处等现象。这正是由于父母过于限制了他们的交往意识所导致的。

交往能力强，对孩子来说有百利而无一害。善于与他人交往的孩子，将来在学校不仅能够从容地与同学交往，而且能够从容与老师等成人交往。而孩子是否善于同别人打交道，在人群中人缘如何，对他以后的学习和人生的发展有很大的影响。因此，父母要从小重视培养自己的宝宝与人交往的能力。

做为成年人，我们都有一种体会：每当回忆起童年生活时都非常兴奋，对儿时的朋友感到特别亲切，说起与童年朋友一起玩的各种趣事，如数家珍。这些经历告诉我们：宝宝需要朋友，家长要支持和引导宝宝学会交朋友。

其实这并不困难，只要父母不要设置过于明显的障碍就可以了。

忌语九："我的儿子才不会做那种事！"

危害：袒护孩子会助长他的出格行为，对他的未来后患无穷。

两个孩子在小区门口打架了，纷纷哭着回家找父母告状。为了解决这个"儿童纠纷"，双方的家长聚到一起，结果都护着自家的宝宝，纷纷指责对方先动手。问题不仅没解决，还闹了个大家不愉快的结局，从此以后势同水火。

祖护孩子的结果，必然是孩子继续"无法无天"，出格行为越来越多。因为宝宝自觉受到了爸妈的保护，没人能对他构成威胁，也没人能够惩罚他。别忘了，孩子都是有冒险天性的，当他觉得不受限制时，这种天性会迅速膨胀，达到一种你无法想象的程度。

换句话说，受到父母祖护的孩子，什么都能做得出来，因为他还没有形成牢固的是非标准，没有建立强大的自我约束的能力。

以前有家媒体报道了一件让人深思的案子：一个 12 岁的男孩，因为到大超市盗窃被工作人员抓住，送进了派出所。警察很吃惊，在调查过程中才了解到，男孩的父母从小就对儿子爱护有加，不允许他受到任何外来的指责。

在这个孩子很小的时候，去邻居家玩，就拿走了邻居家小朋友的一件玩具汽车。邻居发现了以后，不好意思直接去要回来，就找了机会暗示他的爸爸，多管一管自家小孩，别养成坏习惯。

男孩的爸爸不笨，听出了他的弦外之音，当即大怒："你什么意思？我的儿子怎么会做那种事？开什么玩笑啊！"

两人不欢而散。现在回头看，当年父母的祖护，造成了男孩的有恃无恐，没有受到及时阻止的坏习惯，渐渐发展成了一种犯罪行为，直到公然到超市行窃。

总觉得自己的儿子什么都好，绝不会做"坏事"，是父母的一种自信，也是托大。甚至说，父母为了自己的面子，有时在涉及与外人的纠纷时，会尽全力维护自己的孩子，顺便也维护自己的面子。岂不知，如果确实是自己的孩子做错了，你的祖护其实是在把他推向更深的"深渊"。

给父母的建议：

1. 在孩子的问题上，实事求是，对就是对，错就是错，万不可视而不见。

2. 及时纠正孩子的缺点和不良习惯，诸如打架和各种不礼貌的行为等，才是对孩子真正的负责。

忌语十："大灰狼要来吃人啦！"

危害：恐吓性的安抚，会起到暂时的效果，但也会对孩子的精神造成某种特定的阴影。

大灰狼和小白兔的故事，想必我们都不陌生。很多家长乐于也习惯于在关键时刻就给宝宝讲大灰狼的故事，把"凶残的大灰狼"当做阻止宝宝想做某件事的"有利武器"。比如孩子每当晚上不想睡觉、还继续胡闹或者不想吃饭的时候，无计可施的父母就拿出了这招杀手锏，对儿子说："你呀，再不睡觉（再不吃饭），大灰狼可就要来吃人啦！"

更有甚者，有些父母为了增加这种恐吓的效果，还会绘声绘色地给儿子描述大灰狼吃人的场景，尽可能地让宝宝害怕，促使他服从自己的命令。

有的宝宝通常因为害怕，赶紧钻进被窝，即便睡不着，也会努力让自己入睡。甚至为了避免"被大灰狼吃掉"，宝宝还会装出已经睡着的样子。可是，他们的心里非常害怕，战战兢兢，眼睛都不敢睁开呢。对此，作为父母是否注意到了呢，是否有过关心呢？是否想到了后果呢？

大灰狼的故事很血腥，宝宝的联想力又特别丰富。3岁的孩子，尽量不要让他们接触到这样的故事，引发使他们恐惧的联想。这就像一颗钉子，一旦扎进孩子的内心，你就很难再拔出来。一到晚上，孩子就会想到你给他灌输的这种恐怖形象，从而慢慢变得胆小畏惧，害怕黑夜和独处。

每当孩子不听话的时候，家长就进行这种恐吓性的安抚，当然会立刻起到效果，宝宝不闹了，听话了，住手了，大人觉得安静了，省心了，可是我们想过这会对宝宝造成什么影响吗？

有个孩子特别好玩，这天晚上，他就是不想睡觉，在床上爬来爬

去，扔东西，拍手掌，烦得妈妈静不下心来看电视。于是，妈妈就使劲装出一副吓人的表情，冲进来吼："赶紧睡觉！不然大灰狼马上就进来把你吃掉，吞进肚子里！"

结果，宝宝不仅没有听从命令，反而吓得哇哇大叫，按农村的说法："孩子的魂给吓跑了。"宝宝哭了整整一夜，就是停不下来，最后哭得嗓子哑了，眼泪也没了，还在妈妈的怀里不肯罢休。

爸爸上夜班回来，见此情景，批评妻子："儿子这是受了惊吓，赶紧去医院看看吧。"

看，这就是父母的杀手锏对宝宝的伤害。

宝宝睡前，最忌讳的就是给他讲诸如大灰狼之类的血腥故事，很容易引发他对恐惧形象的联想。我们可以讲一讲轻松的美好的故事，或者给孩子听一听柔和的轻音乐，让宝宝慢慢地自然地入睡。

平时，孩子不听话的时候，也不要用这种话迎面去吓唬他，而是要尽量跟他讲道理，迂回解决问题。

忌语十一："最大的这个给儿子吃。"

危害：或者会催生孩子养尊处优的心理；或者会让他逆反和抵触。

阳阳的饭量越来越大了，正是长身体的时候，特别贪吃。妈妈看在眼里，乐在心里。这天，吃饭的时候，一家人落座，妈妈摸着阳阳的头，指着盘子里的炖鸡，笑呵呵地说："看见了没，这根鸡腿最大最肥了，都是咱们阳阳的，快点吃吧！"

妈妈的话很贴心，阳阳很高兴，伸手就要抓。爸爸见了，立刻说："阳阳，怎么一点礼貌都没有，你应该让妈妈把它分开，让妈妈和你一块分享，明白吗？"

阳阳想了一下，听话地说："爸爸说得对，妈妈，咱们把它分成三份吧，一人一份。"

爸爸做得就很对，在妈妈露出溺爱孩子的苗头时，及时制止了宝宝坦然接受的心态。但是现在很多家长并不觉得给孩子特殊待遇有什么不好，他们认为让孩子享受"大鱼大肉"是自己的使命，不但让宝宝吃最好的那份，还会常常硬把鸡腿之类的美食夹到孩子的碗里面，让他当成任务来完成。

宠爱宝宝，不意味着就要让他养尊处优。要让他从小养成"没有任何食物是能够轻易得到"的意识，才有利于他的成长。

许多家长为了让孩子满意和高兴，每天盘算着如何满足他们的要求。比如一到儿童节，就给孩子摆节日宴、送高档礼品，不少孩子还会期待节日红包和高档玩具。不光经济条件好的如此，即便并不富裕或经济拮据的家庭，对儿子同样宠爱有加。很显然，这对孩子来说，是一种奢侈，是一种腐蚀，后果会在他的人生成长中，慢慢显现出来。

无数事实早已证明，过惯养尊处优生活的孩子，多数不能按家长所期望的目标成长。他们中不少人精神空虚、唯我独尊、贪图富乐，且体质虚弱。更严重的是，他们从小习惯了这种"独享大份"的生活，会养成一种自私的心态。作为父母，是不是该反思一下平时的这种关爱方式呢？

忌语十二："等你爸爸回来揍死你！"

危害：恐吓性的语言，容易让孩子对父亲形成畏惧心理。

你的生活中出现过这样的场景吗？你路过小区门口，恰好碰到一位妈妈在哄他的宝贝儿子。也不知道出了什么事情，孩子似乎很不听劝，拼命地哭。妈妈说好话，给他东西，都不管用。最后，这位母亲实在不耐烦了，大声说："你还哭不哭？再哭我就走了！回来让你爸爸揍死

你!"并做出要走的样子。

孩子哭得更凶了,坐在地上耍赖。妈妈二话不说,扭头就走。孩子见妈妈真的走了,不要他了,慌了神,赶紧追上去,边哭边喊:"妈妈,不要扔下我,不要让爸爸打我,我不哭了!我一定听妈妈的话,也听爸爸的话!"

这又是一种典型的恐吓型的教育方式,以暴力威胁孩子接受自己的命令,粗暴而不讲理地对宝宝实施家长的"强权"。这样的场面看着是很令人心疼的。

这位妈妈的心情可以理解,但是非这样对待孩子不可吗?说实话,用暴力威胁宝宝,是家长无能的一种表现,特别是拿"爸爸"作为威胁的工具。

父母是孩子最依赖的人。孩子从出生起,就对父母有特别的眷恋,同时也有着没有父母就不能生存的潜在的不安感。心理学上管它叫"基础不安"。不管孩子是否懂事,他的心里,都经常有"爸爸妈妈会不会不要我"或者"爸爸妈妈会不会打我"这样的担忧。在这种心理背景下,还对孩子说"让爸爸打你"之类的话,他的潜在不安就会加剧,易于受到大人无法想象的打击。

这种精神上的不安,很可能会让孩子产生一种极端的心理发育,使性格成长走上歧路,为他的将来埋下隐患。到那个时候,父母后悔就太迟了。

宝宝的年龄不大,理解能力有限,他有时并不明白父母只是为了哄他而说出恐吓的话,并非真的不要他或不爱他。作为家长,我们应该明白,恐吓和威胁是一种很愚蠢的手段,它不但不能让孩子变得听话,而且会伤害孩子的心灵。

像这位妈妈,拿"爸爸打你"来威胁他,也容易让宝宝产生"爸爸很吓人"的畏惧心理,拉远他与爸爸的心理距离。

我们的建议:

第一，如果不想毁掉孩子，就不要恐吓他。

每个人都会有恐惧的心理，何况是孩子呢？这种恐惧又分为两种：一种是自然的本能反应，即对于危险的恐惧。另一种就是神经性的忧虑，即一个人在没有遇到危险的情况下产生的一种无端的害怕，可能说不出理由，也可能说出了，在常人看来不足以引起恐惧。

小孩子最容易产生这种神经性的恐惧。所以，家长不仅不能用"打人"的方式来恐吓孩子，以免加深孩子的恐惧，还要以正确的方法教育他，使他不至于产生无谓的恐惧心理。

第二，千万不要用孩子熟悉的人去恐吓他。

用爸爸去吓他，他会畏惧爸爸；用医生去吓他，将来生病了，他就不会跟医生合作的，甚至看见医生、医院就会大哭；用警察去吓他，即使他迷路了，也不会相信警察的。这个后果，作为家长一定要想到。所以，易于造成孩子精神不安的话，千万说不得。

孩子的心里如果有不安的土壤，在家长的连续打击下，会萌发出许多的恐惧，并可能最终演绎为人生的不幸。喜欢如此吓唬孩子的家长，今后可要注意自己的方式了，别再动辄就去"威胁"自己的宝宝。

忌语十三："你真是头猪！"

危害：羞辱和辱骂性的脏话，对孩子的心理打击很严重，在亲子教育中最不应该出现。

程程的爸妈举办了一场家庭晚宴，宴请了众多的朋友来玩。在酒席上，两岁半的程程跑东跑西，兴奋得就像一只喜欢大场面的小猫。玩着玩着，他就调皮起来，摔坏了两只酒杯和一个装满菜的盘子，把地板都弄脏了。爸爸说了他两句，当着众人的面，小家伙也觉得自己没面子，又伸手把一个酒瓶给弄到了地上。

好好的一场家宴，让儿子给搅乱了，特别是今晚的客人里面有公司的一位经理，对他在公司的发展起着举足轻重的作用。爸爸越想越生气，在客人都走了以后，把程程叫过来训斥起来，说到生气处，对儿子说起了脏话："你呀，真是一头猪！"

程程开始没明白，好奇地问："爸爸，为什么说我是猪呢?"

爸爸吼道："猪就是大笨蛋，你连猪都不如！"

程程这回听懂了，哭着回房间找妈妈了。

没几天，邻居家的叔叔带着一个小弟弟来串门，小弟弟和程程一块玩，不知怎么闹起了矛盾。程程就指着小弟弟的眉头说："你呀，真是一头猪！"

邻居叔叔顿时脸上不悦，程程的爸爸和妈妈也是目瞪口呆，这才意识到了前两天的冲动是多么不应该。

说孩子是"猪"这类的用词，是很极端的侮辱性语言，对宝宝的打击是不言而喻的。如果因为宝宝的表现不好就羞辱他，除了会让宝宝觉得委屈和伤心之外，还容易让他产生不好的心理影响，觉得自己让爸爸丢了脸，会被人看成不好的宝宝。如果孩子的行为真的不对，或者他是故意在捣蛋，那也只是因为他想吸引大家的注意，而不能就此证明他是个坏孩子，所以千万不要因为孩子的一些出格行为而大声呵斥甚至进行失控的辱骂。

而且，宝宝的学习和模仿能力很强。你对他说脏话，他很快就能记在心里，明天就能用到别人的身上。因此，不要侮辱宝宝，也不要在宝宝面前说脏话。用文明的方式教育宝宝，也为他创造一个文明的成长环境。

聪明的父母是不会采用最愚蠢的羞辱教育法的。记住，宝宝也是有尊严的，不要去伤害他的自尊心。

忌语十四："你有完没完？"

危害：厌烦的语气会拉远宝宝与你的亲近感，造成无形的心理隔阂。

3岁左右的男孩都很任性，一天到晚安静不下来，好像有着无穷无尽的精力。作为家长，总会有烦躁的时候，但请注意，万不可把这种情绪赤裸裸地倾倒给孩子。父母的厌烦会让孩子无所适从，尽而怀疑爸妈是不是"不疼我了"。

强强刚刚过了两岁的生日，妈妈说他长大了，告诉他说，长大就要有长大的样子，不能再胡闹，免得被人笑话。不过，妈妈的这番"忠告"可算彻底落了空，宝贝儿子越来越任性了。

一天中午吃饭时，妈妈又唠叨着让他乖乖地坐好，不要边吃边玩，还发出古怪的声音。强强一听，更来劲了，拿起小勺演奏音乐，弄得动静很大，边敲碗，还边看着妈妈。

吃完饭，妈妈让他睡午觉。强强又是不听，拿起画册就装作认真在看的样子，说："我不困，干吗要去睡觉啊？要睡你去睡！"

妈妈这下生气了，叫道："这孩子，有完没完啊？烦死了！"

妈妈就觉得，宝宝以前挺乖的，可现在怎么这么拧了？偏要和我对着干！这对他有什么好处呢？真恨不得抽他两巴掌。

强强一看妈妈烦他了，这回画册也不看了，扔下书就在沙发上打滚，哭得震耳欲聋，惊天动地。哭完了，强强就回屋睡觉了，这一觉就睡到晚上，直到爸爸回来，发现儿子的眉角还挂着几滴眼泪。

看到了吗，我们的小男子汉，虽然任性，但同时心理也是这么的脆弱！

我们要知道，孩子的任性，有时是年龄特征的表现。研究发现，孩

子的成长不是匀速平稳的，有较为乖顺的平稳阶段，也有较为棘手的不平稳阶段。最初，孩子不知道"自己"，玩弄自己的小脚就像玩玩具一样，表现很乖；伴随着语言的发展，开始出现自我意识的萌芽，到两岁左右变得更加强烈了。

他们开始表现自我，凡事都喜欢说"不"，到处炫耀和滥用自己的"否决权"，进入了"第一反抗期"，表现出来就是让人头疼的任性。等他们适应这种心理变化后，会有一段较平稳的时期。但到 4 岁左右，孩子又进入一个不平衡阶段，情绪不稳、脾气暴躁、任性胡闹，喜欢拒绝别人的要求……种种任性言行再次表现出来。

有时，他们的脾气说来就来，稍不如意就和父母对着干。这很正常，家长千万不要把"厌恶"的怒火泼向他们，那样会伤害他们的！

忌语十五："求你了，听话吧！"

危害：请求的语气会助长孩子的任性心理，不会起到正面教育的效果。

怎样才能让宝宝听自己的话？一万个父母有一万种方法，但万变不离其宗，和孩子的交流肯定是必须的。有时我们很难说服宝宝，因为这时候的男孩正处于最任性的年龄段，所以有的父母迫不得已采取了妥协顺从的态度，希望自己的"央求"和"软弱"能够得到宝宝的理解。

这种方式大错特错，会纵容宝宝更加来劲地跟父母"对抗"。

小亚军今年 3 岁半了，是一个非常聪明活泼的宝宝，但就是不听话，总喜欢和大人对着干。比方说，你若告诉他天是蓝的，他准保会说天是白的、黄的、绿的，就是不顺着你说；早上穿衣服，肯定不会穿妈妈找好的那件，妈妈让他穿短袖，他就一定要穿长袖，让他穿蓝色的，他就一定会要穿绿颜色的。总之，一定要和爸妈的想法不同。

还有，吃饭的时候，放在他面前的饭一定不吃，不是嫌稠了，就是嫌稀了。自己吃不饱，还经常可怜巴巴地对妈妈说："我饿！我要吃东西！"然后就是不停地要零食吃。有一次，妈妈实在受不了他的"折腾"，只能用央求的口气对他说："我的小宝贝啊，妈妈求求你了，听话吧，哪怕听一次也好呢！"

　　这样请求似的开导有什么用呢？没用。反而像给小亚军打了一针兴奋剂，更来劲了。睡觉的时候，妈妈要把他脖子里带的小项圈摘下来，他怎么都不肯摘，就要带着它睡觉。妈妈又求开了，小亚军一边摇头，一边得意地说："妈妈，现在你知道我的厉害了吧！"

　　妈妈的软弱，造就了儿子的强势。一有不顺心的事情，立刻大呼小叫，逼着妈妈认错，服输，长此以往，妈妈成了儿子的"下级"，不管啥事都得顺着他才可以。

　　跟孩子交流需要耐心，但更需要智慧。父母当然要用一种温和的方式引导孩子健康成长，但也切莫太过软弱顺从，以至于说出哀求的话。其实，在宝宝来看，这就意味着大人的"投降"，他会有一种胜利者的感觉，更会得寸进尺。

忌语十六："我说了多少遍了，你没听见吗？"

　　危害：男孩的听力本来就不如女孩，这种指责会让孩子既受打击又受冤枉。

　　小磊坐在客厅的一角修理他的遥控小汽车，妈妈做好饭，把菜都端到餐厅，接着就叫小磊过来吃饭。可是喊了好几次，小磊都置若罔闻，埋头摆弄着小车轮，一副自得其乐的样子。

　　妈妈皱紧了眉头，吃完了她还有急事要办呢，这孩子真是，怎么就装听不见？她把围裙一扔，大踏步走过去，冲着儿子就喊："我叫了你这么多遍，难道你没听见了吗？耳朵聋了吗？"

这时，小磊猛然抬起头，怯怯地说："妈妈，怎么了，我真的没听见。"

妈妈没好气地说："什么没听见啊，你就是想故意气妈妈，是不是？是不是还记得上次的仇啊，怎么这么小心眼啊，上次妈妈打你两下也是为你好啊！"

她越说越气，可是还没说个尽兴呢，只见小磊咧开嘴，已经惶恐地哭了起来。

妈妈错在她不知道常识，男孩的听力发育不如女孩快，反应也不如女孩敏捷。有时他明明隐隐地听到大人在叫他，在反应上也慢半拍。特别是当他在专注地做一件事情的时候，是很难听到第二种声音的。妈妈叫了他好几遍，他都没听见。于是就觉得孩子是故意不听话，想气她，其实是误解了孩子。

所以，家长遇到这类事，一定要首先理解宝宝，知道他的听力不如大人。不要去训斥他，数落他，而是应该靠近孩子，温和地跟他说："来，宝宝，咱们吃饭吧，填饱了肚子再修小汽车。"最好蹲下身子，看着他的眼睛，握住他的手跟他讲话。有了视觉、触觉和听觉的三重刺激，宝宝一会马上把注意力从小汽车转移到你的身上。

不分青红皂白地就对孩子大发其火，只会冤枉他，打击他。

 延伸阅读：唱红脸和扮白脸都不对

很多话是不能对宝宝说的，家长要考虑成人与孩子的身份差异。孩子的理解能力有限，而且对父母又有着天生的心理的畏惧、行为的模仿，一旦不合适的话影响到孩子的健康发育，再想纠正就很难了。

不仅上述列举的话不能说，在具体的教育过程中，"一个唱红脸，一个扮白脸"的大棒加萝卜政策也是不合适的。

有人曾就这个问题做过调查，分别在 10 所幼儿园对不同年龄阶段的 350 名幼儿进行了"你比较喜欢爸爸还是妈妈？为什么？"的问答。结果孩子的回答让人大吃一惊：

"妈妈好，妈妈不打我，爸爸常打我的屁股，而且还打得很痛！"

"我喜欢妈妈，因为她很听我的话，我叫她做什么她就做什么。我不喜欢爸爸，因为我叫他买变形金刚给我，他不买。"

"妈妈说买支枪给我玩，爸爸说不给，我讨厌他！"

"妈妈好。爸爸打我时，妈妈帮我对付爸爸。"

看，孩子对妈妈和爸爸的态度是多么截然相反，正反鲜明！这全是因为父母联合导致的矛盾教育。两个人对孩子的态度和要求不一致，而且一正一反，往往会使父母对孩子的影响力大大地降低，从而无法取得预期的亲子效果。

这是一种有趣的分工现象，爸爸和妈妈在孩子面前常常扮演两个截然相反的角色：一个唱红脸，一个唱白脸，父严母慈。"一严一慈"，"一软一硬"，相互配合，软硬兼施，一旦孩子出现问题时，都是爸爸先打骂，妈妈来庇护。有的家庭是父母严格管理，爷爷奶奶阻拦。

表面上看，这种方式是成功的，因为它顺利地解决了问题，平息了孩子当时的情绪，让孩子"听话"了。但实质上，却无形中将孩子放在了大人的对立面，当成了一个联合对付的对象。

这种教育方式的缺点是显而易见的：

1. 影响父母在孩子面前的威信。一严一松，很容易使孩子在家里只怕一个人，只听一个人的话。"红脸"在家时，他会很老实；换了"白脸"，他会立马为所欲为，一点规矩也没有。长此以往，孩子会变成欺软怕硬的"两面人"，见风使舵，看人脸色行事，这是最大的一个危害。

2. 影响孩子是非观念的形成。父母在家教中扮演不同的脸谱，对孩子所做的同一件事做不同的评判，采取不同的甚至是截然相反的态度，容易使孩子混淆是非。如果父母教育孩子时出现矛盾，母亲这样说，父亲那样说，孩子就无所适从。孩子分不清谁是对的，谁是错的。

3. 家庭教育失去了作用。孩子在掌握了"行情"，找到了"规律"之后，一旦犯了错误，就会自然而然地去找靠山。夫妻态度不一致，还可使孩子学会钻空子，谁能答应他的要求他就去磨谁，并且把父母分成谁好谁坏。

4. 滋长孩子的逆反心理。唱红脸的过度责罚，会使孩子胆小怕事，甚至会强化他的逆反心理。

5. 容易误导孩子。红脸和白脸的分工教育，其实质是对孩子的善良的欺骗。但是年仅 3 岁的宝宝并不知道这一"内幕"，他的第一感觉就是"爸爸和妈妈不和"。时间久了，他们极容易被误导，从而走上歧路。

6. 影响孩子的心理健康。有调查表明：在有心理问题的儿童中，父母采用"态度不一致"的方式的比例达到了 17.3%，明显高于正常儿童家长所采取的教育方式的比例 9.24%。所以，父母也好，爷爷奶奶也好，对宝宝的教育态度必须步调一致，互相合作，否则很难培养出一个健康的男孩。

第八章

从3岁开始，培养一个小小男子汉

　　从男宝宝到男孩的距离有多远？如何让宝宝像我们预期的那样成为一个可以健康独立的小男子汉呢？家长在这个过程中应该怎么做呢？自信，上进，勇气和勇于承担责任的气概，是我们要重点对3岁的宝宝培养的。男孩就像一粒种子，我们要提供的就是一块合适的土壤，给他提供充足的营养和水分，他一定会生长出一片葱郁生机的森林。

父母的鼓励是儿子最大的动力

鼓励就像火箭的动力，让它节节攀升，直至飞到最高处；

鼓励就像一杯暖心的热水，让一个人本来凉下来的心，又重新热起来；

鼓励就像一把钥匙，打开一道道人生的门，帮助孩子没有后顾之忧地大踏步前行。

没有任何一个人生下来就可以自己面对一切，可以凭一己之力解决所有的问题。所以，对宝宝的鼓励是贯穿亲子教育始终的常用手段，父母必须经常观察儿子的心理状态，随时准备成为他迈过道道关槛的最大动力。

"鼓励"是宝宝最重要的成长因素

在男孩成长的过程中，用鼓励来使孩子产生自信心是非常重要的手段，是父母应该时刻注意的一个环节。每个孩子都需要不断的鼓励，就像植物不断需要阳光雨露一样。

许多儿童教育家都非常强调鼓励的作用，认为鼓励是最重要的成长的因素。

孩子在降生后的幼儿时期，面对繁杂的世界常常感到无能为力。但是他们还是有勇气进行各种各样的尝试，努力学习各种方法，以使自己适应和融入这个大千世界。但是这时候，成年人却往往在无意中给他们设置许多爱的障碍，而不称赞他们非凡的勇气和努力。

产生这一现象的根本原因就是，我们不相信孩子的能力。在我们的头脑中已经形成了一些偏见，认为只有到了某一个年龄段才能做某一件事情。

比如，一个两岁的孩子如果主动帮我们收拾桌子，当他拿起一个盘子的时候，妈妈马上就会说："别动它，你会打碎的。"这样，你虽然

可以保护好那个盘子，但是你的举动却在孩子的心里投下了阴影，并推迟了他某种能力的发展，也许你在无意中就阻止了一个小天才的出现。

鼓励可以让孩子产生自信

有些家长常常不经意地向孩子炫耀自己的能力、魄力和力气，以便自己成为他学习的标准，还喜欢把孩子说得一无是处，诸如"你怎么把房间搞得乱七八糟"、"你怎么把衣服穿反了"、"早就知道这事你干不好"之类的话，每一句都在向孩子们表明他们是多么无能，多么没有经验。

这样的做法就会使他们逐渐失去信心，失去自己去探索，去锻炼自己的主动性。家长一定要知道，一个人只有通过各种大胆的探索才能成为一个有用的人。而对年龄尚小的男孩来说，父母的鼓励是他们自信产生的源泉。

牛牛刚学会走路的时候，妈妈不敢松开手，总要跟在他身后，双手张开，随时准备拽住他，因为生怕他摔倒。爸爸觉得这样不是办法，就让妈妈躲到一边，自己把牛牛抱到宽敞的客厅里，对他说："来，走两步。"牛牛很害怕，双腿都有点打战："爸爸，我不敢！"

爸爸正色地说："好孩子，你一定行的呀，因为你早已经可以走了，昨天还走得好好的呢，妈妈根本不在后面扶你，都是你自己走的呀！"

牛牛半信半疑地望着妈妈，妈妈笑眯眯地点着头，说："是呀，昨天就是你自己走的，不信？你试试看！"

这回牛牛才放了一半心，晃悠着小身体，试着走了几步。果然没摔倒呢，牛牛高兴极了，大胆地迈开步子，在客厅转开了小圈子，最后牛牛乐得嘴都合不上了，因为在爸妈的鼓励下，他迈出了人生非常重要的一步：可以自己走路了！

这就是鼓励的力量！

父母要鼓励孩子认清自己的实力

作为父母，我们常常有一种先入为主的观念，认为孩子只有到了某个年龄段才能做某种事情，否则的话，他就太缺乏能力，不可能完成这类事情。但事实上孩子在那个年龄往往是可以做得很好的，而我们却人为地推迟了他们学会本领的时间。

更糟糕的是，我们这种做法会使孩子丧失自信，对自己的能力产生怀疑，进而削弱了他们的进取心。这种做法将会对孩子的一生产生消极的影响。我们应该鼓励孩子认清自己的能力，敢于去尝试第一次，敢于犯错误，敢于面对失败，同时还要想法设法维护他们的自尊心和自信心。

孩子和成人一样有犯错误的权利。作为父母，我们自己首先就不能灰心丧气或失去信心，而应该给孩子鼓劲加油，帮他们建立起自信。

鼓励孩子也需要技巧

对孩子的鼓励，不一定必须用语言表现出来。爸爸一个满意信任的目光，妈妈一个亲切喜悦的笑脸，都会给孩子带来力量和勇气。他们从父母的表情中就会知道自己做对了。

"啊，我进步了爸爸和妈妈多高兴呀！"于是孩子就会盘算，怎样让爸爸和妈妈更高兴。不用你唠唠叨叨地数落，他们也会给自己提出进一步的要求。这样，孩子就会在鼓励声中一步步向更高的水平攀登。

鼓励还需要真诚，不能随口敷衍。我们给孩子加油，给他信心的时候，一定要看着他的眼睛，让他切实感受到你是他坚强的后盾，不能眼皮不抬地从嘴缝里吐出几个冷冷淡淡的字，这样还不如什么都不说呢。要知道，宝宝对父母的情绪是很敏感的。

给父母的建议：

1. 从正面教孩子认知事物，多鼓励，少说"不"。

2. 不要过分限制孩子的行为，以免让他失去很多学习的好机会。

3. 鼓励也可以是适当的负面刺激，以便孩子对某些事物加深认识。比如儿子不知深浅地去拧热水龙头的时候，家长可溅一点点热水到他的手上，给他强烈的感性认识。还可以用比较夸张的表情和肢体动作去告诫孩子。

4. 鼓励还可以是父母的身体力行，对宝宝进行现身说法，让他充分地对一些事情的细节加深了解。

教儿子遇到挫折不要放弃

家长都希望孩子每天都成功和进步，顺利地成长为可以担负责任的小男子汉，但是我们也应该允许他们的失败。同时，不要忘记留给他们时间和空间，这样孩子才会在我们的掌声中走向成功。

当男孩遇到挫折时，父母要及时地教导他不要放弃，从头再来，给他信心和勇气。

让乐乐头疼的玩具车

乐乐的玩具车坏了，这还是前两个月舅舅给他买的。他特别喜欢，每天都玩，结果很快就坏了。爸爸简单检查了一下，发现只是轮子有点松了，位置一活动，放在地上走的时候就会卡住，然后就走不动。

爸爸意识到这是个考验儿子的好机会，就大体给乐乐指明了该拧紧的螺丝位置，交给他螺丝刀，让他自己去把车轮拧紧。

乐乐一看爸爸将这么重大的任务交给他了，十分兴奋，说干就干，马上就到地板上忙活起来。可是，半个钟头过去了，一个小时过去了，乐乐满头大汗，也没把车轮给拧紧。他有点灰心了，觉得自己根本就完不成爸爸交给的这个任务，就哭丧着脸对爸爸说："你帮我把它修好吧。"

爸爸温和地说："看，你都已经把螺丝拧进去一半了，还差最后一点就要成功了，为什么放弃呢？"

乐乐说："可是我觉得根本修不好……"

"不会的呀，如果你现在不修了，刚才这一个小时岂不是白白浪费了，何况爸爸觉得你马上就弄好了。"

乐乐受到爸爸的鼓舞，精神百倍，不一会，果然把轮子上的两个螺丝固定住了。晚上，爸爸和妈妈一起对乐乐进行了祝贺。

遇到挫折不放弃，这是男子汉应该具备的一种品质，父母在日常生活中，应该着重对宝宝进行这方面的锻炼和培养。

畏缩的方方

方方健康聪明，学习成绩也不错，唯一让父母担心的是他太畏缩，在人多的场合，他总是静坐一旁，别人问话，他脸涨得通红，不答话，有时咬铅笔、吮手指，对旁人似乎没有什么兴趣。像方方的这种情形，一般称为"退缩行为"，害怕挫折，不敢对外界大胆接触。有这样行为的孩子在团体中很容易被别人忘记他的存在。

现在是独生子女的时代，很多男孩都存在这样的问题。不过要改掉这种行为，并不是一两天就做得到的，如果措施不当、操之过急的话，反而会使他更加畏缩。

父母可以和他谈谈自己或者别人这方面的经历，让孩子知道"畏缩"在日常生活中是一种许多人都有的很普通的行为，然后进一步说明这种行为会带来一些不好的后果（例如，不能和小朋友一起很开心地玩，不能学会许多想学的本领等），最后再指出应该怎样克服。

这一切的前提，是要在孩子觉得心情很放松的情况下，用鼓励的方法帮助他发展社会交往的技巧，一步步地建立他的自信心，这样他就能逐渐越过"畏缩"的障碍，摆脱害怕挫折的心理，变得活泼大方起来。

相关的建议：

1. "良言一句三冬暖，恶言一声暑天寒。"孩子遇到挫折，父母千万别气不打一处来。批评和打击会让他变得更加畏缩和犹疑。作为父母，首先要看到孩子的进步，让孩子也看到自身不断增长的智慧和力量。

2. 父母可以请自己的朋友到家里来，由父母做榜样，让他看看做主人的该说些什么、做些什么。在观察中，对他进行潜移默化，打破他对外界的畏惧心理，进而鼓励他敢于尝试，别怕失败。

3. 还可以让他饲养小动物或种植花草，使他有机会在照顾动植物时发展对周围环境及事物的兴趣和关注，从而培养他的勇气和自信。

让跌倒的儿子自己爬起来

孩子走在路上，不小心绊倒了，你怎么办？有的妈妈会大惊小怪，以最快的速度扶起他，问他摔疼了没有，吓着了没有。其实，家长如果觉得孩子只是轻轻地摔了一下，身体没什么事的话，完全可以置之不理，让他自己爬起来。

并且，家长要明确地告诉孩子：以后再遇到这种情况，一定要靠自己，不要寄希望于父母。

让跌倒的孩子自己爬起来，这是一种面对困难的勇气，是成为小男子汉必不可少的一步。

父亲的两种态度，儿子的两种命运

在一座城市里，有一条很陡的小路。据说在某天，一位父亲牵着他儿子的手经过这里，儿子不小心一下摔倒了。路面很硬，儿子趴在地上哇哇地哭，很疼。父亲赶紧把儿子抱起来，拍打着他身上的土，急匆匆地去了诊所，他生怕把儿子摔坏了。有一天，另一位父亲也和他的孩子经过这里，巧合的是，孩子也摔倒了，很重。孩子也哭了，眼巴巴地望着父亲，可是这位父亲看着远方，装没看见。孩子趴在地上等了一会，感觉父亲是绝不会扶他起来了，只好自己鼓足力气，挣扎着爬起来，抹了抹眼泪，继续跟在父亲的后面向前走。

三十年后，第一个男孩成为了这座城市普通的一名工人，他和大多数人没什么区别，娶妻生子，过着紧凑而平凡的工薪族生活，每天梦想着改变未来；而第二个男孩，也生活在这座城市，只不过他已经是一家企业的总裁，管理着两万名员工，向着更高的目标前进。

两个男孩截然不同的命运，是由那次摔倒后两位父亲的不同选择决定的吗？我们也许说，那只不过是生活的一个小细节罢了，但如果你能想到，当孩子这么小的时候能懂得"跌倒了自己爬起来"是一件很自然的事情，他的未来难道还不值得期待吗？

做一个勇敢的小男子汉

细节锻炼性格，态度磨炼勇气。通过对平常小困难的处理，锻炼儿子勇于自己解决问题的能力，日积月累，就可以让他渐渐具备男子汉的气质，从而能够对自己负责，父母也会省心不少。

这时候，父母切莫因为宠爱和心疼，放松对他的严格要求。就像在路上摔的那一跤，一个人在人生的路上也会跌跤，如果能在艰难中站起来，就会成为他今后应对人生挫折的精神银行中的"存款"。

我们从小就要让孩子经受抗挫能力的锻炼，使他在输的时候学会赢的经验。

我们给父母的建议：

1. 一些小小的困难，孩子向你"求救"的时候，不要急于理会，而是先促使他自己去面对，去思考解决办法。

2. 父母要不断通过生活中的大量细节，逐步让孩子明白"跌倒了自己爬起来"的意义。

在生活中为儿子创造接受锻炼的机会

宝宝的生活锻炼是一个动手能力和自主意识的培养，以便他们能够更早地认识生活，认识社会，为将来的独立生活做好最充分的准备。

就像古人所说："一屋不扫，何以扫天下？"通过处理琐碎事情的锻炼，让儿子在3岁时就学会初步的自理能力，是父母要做的主要功课之一。怎样为孩子创造这样的机会呢，其实并不需要多么富有意义的事情，多多利用平时生活的细节就足够了。

涛涛和发亮的茶几

自从开始进了幼儿园大班以后，爸爸就给3岁半的涛涛布置了一个新任务，每天回来吃完饭以后，由涛涛自己把茶几擦得干干净净。完了

以后，全家人检查，每合格一次，就在涛涛的荣誉册上记上一个五角星，以示表扬。

涛涛的工作有下列程序：

1. 将茶几上的茶杯、茶壶和茶叶盒等轻小用具拿到附近的柜子上。

2. 洗抹布，将半盆水端过来。

3. 擦茶几，第一遍用湿抹布，第二遍用干抹布。

4. 请爸爸和妈妈检查，再把茶杯等用具整齐地摆放回去。

简单的一个程序，其实包含着一个很完整的思考、动手的过程。涛涛通过这样的锻炼，不仅懂得了清洁卫生的意义、方法，还在擦的过程中接触到了这么多生活用品。

他每次都把茶几擦得闪闪发亮，还骄傲地跟爸爸说："咱家人只有我擦得最干净了！"而当有客人来的时候，涛涛也总会主动告诉他们，这个茶几是他擦的呢！

让儿子学会勤动手

锻炼很简单，就是勤动手。

还记得那个懒汉的故事吗？从前有一个懒汉，什么活都懒得做。一天，他的媳妇要出远门，怕他饿着，就给他烙了一张特别大的饼，套在他的脖子上。过了几天，媳妇回到家，懒汉已经饿死了。原来，他吃光了前边的饼，却懒得用手转动套在脖子上的饼。

看，不动手的人，连饭都吃不上，只能饿死。你说动手能力有多重要！

再举一个例子：幼儿园举办了一次夏令营活动，吃中午饭时，一个男孩拿着一个煮鸡蛋发愣，老师看到了，就问他："你怎么不吃啊？不喜欢吗？"男孩告诉老师："这个鸡蛋跟家里吃的不一样。"

"怎么不一样呢？"老师很奇怪。

"我家的鸡蛋是白白的，软软的，这个鸡蛋太硬，是红的。"男孩既为难又费解地说。

老师忍不住笑了，一了解才知道，这个男孩从小就没有见过熟鸡蛋

的剥皮过程，每次吃鸡蛋都是妈妈或者爸爸剥好了端上来。

你说，动手能力不重要吗？这样的生活小常识，如果孩子都没能力自己解决，也就谈不上让他成为小男子汉了。所以，要成为男子汉，就要先从第一步做起：了解世界，熟悉生活，学会动手，具备常识。

学做家务是最好的锻炼

我们的建议是，父母无论多么繁忙，都应该抽出时间来和孩子一起做做家务，当然要在孩子的能力范围内挑选要做的事情，在这个过程中还要讲究一些教育艺术。比如，妈妈可以和孩子分别整理各自的房间，并进行比赛，看谁整理得又快又好。比赛的项目应该事先进行设定，让孩子明白从头到尾的每一个细节。

最后，妈妈不妨故意输给孩子，让孩子从这一类的轻体力劳动中获得一定的成就感，日后就可以建立起信心，为养成参加家务劳动的习惯打下良好的基础。

此外家长在指导孩子做家务时，不要怕麻烦。即便孩子进行 10 分钟的家务劳动后，家长要花半个小时来"打扫战场"，也应该坚持让孩子锻炼。滴水穿石，日子长了，家长就可以体会到孩子的变化了。

因为做家务可以锻炼孩子独立解决问题的能力，也会培养他的创造性思维和对生活的积极性。

不要舍不得让儿子吃苦

有些家长看到儿子吃苦就心疼，恨不得把他含在嘴里，捧在手心。久而久之，骄娇二气养成，孩子成了温室里的花朵，经不起一点风雨。

这样的例子是很多的。孩子的肚子稍微有点饿，妈妈就赶紧钻进厨房给做一堆丰盛的食物，结果只吃了一点，孩子就撒娇不吃，一桌食物白白浪费；天冷了，妈妈接儿子回家的路上，使劲替宝宝挡风，生怕一丁点冷风吹到孩子。

从小娇生惯养的孩子，长大了也无法承受生活的挫折，缺乏忍耐力和面对困难的勇气。

吃苦造就成功：张欣的故事

1994 年，张欣以江苏省理科第三名的成绩考入了清华大学，毕业后直接进入美国杜克大学攻读博士学位，之后进入麦肯锡咨询公司中国分公司工作。2001 年，他又考取了哈佛大学商学院的 MBA。

在他的成长过程中，父母非常注重对他意志的培养，经常会让他吃点苦。即便是刚出生的时候，爸爸就已经开始为他上吃苦课了。

1971 年的冬天，小张欣出生了。他的出生让寒冷的冬天多了一丝暖意。妈妈把他抱在怀里，心里充满了怜爱。爸爸、爷爷、奶奶、外公、外婆都围在小张欣的身边。一家人拿他当个宝贝，恨不得把心挖出来送给他。

突然，小张欣哭了起来。"是不是饿了，快喂奶！"看到小张欣不停地嘬着嘴，奶奶着急地说道。妈妈也很紧张，赶紧解开衣扣给孩子喂奶。但是，因为是第一次喂奶，小张欣总含不住奶头，妈妈急得满头大汗。小张欣也是哭得满脸通红，不停地寻找妈妈的奶头。

这时，爸爸却把小张欣的小脸扭到了一边。"你干什么？"奶奶诧异地问。其他人也问："这是做什么？"爸爸微笑着说："这么小就知道什么事情都可以轻轻松松等着别人送上门，这怎么行呢？我要让他知道，得到一切都要付出自己的努力。"

大家仔细一想，都觉得有道理。于是，小张欣就这样接受了爸爸的第一堂挫折教育课。后来的张欣，在爸爸的教育下，拥有了很强的面对挫折解决困难的能力，最终取得了成功。

能吃苦才会成为幸福和坚强的人

俄国作家屠格涅夫说过，想成为幸福的人，首先就要学会吃苦。那么我们也可以说，想成为一个坚强的人，首先要学会的也是吃苦。能吃苦的人，一切的不幸都可以忍受，天下没有跳不出的困境。不能吃苦的人，面对困难的第一选择就是逃避和投降，很难想象他会勇敢地去面对坎坷。

为了让孩子以后能够幸福，能成为一个坚强的男子汉，父母是不能心疼孩子吃苦的。

"衣来伸手，饭来张口"要不得

现在，我们不少做父母的把孩子看做是未来的希望，在孩子的成长过程中，宁肯自己吃千般苦，也不让孩子受一丁点儿累。于是，孩子从小便养成"衣来伸手，饭来张口"的不良习惯，缺少自立性和吃苦精神。

其实，孩子不愿吃苦，拒绝吃苦，并非是孩子的过错，而是父母没有重视从小培养孩子自立能力和吃苦精神的结果。

"挫折教育"很重要

挫折教育，就是从小培养孩子的吃苦能力。这方面，日本人非常重视，也非常普及。每到冬天，很多日本父母就让幼儿赤身裸体地在风雪中摸爬滚打。天寒地冻，北风怒吼，不少幼儿嘴唇冻得发紫，浑身发抖，父母们则站在一旁，置之不理。

对我们来说，其实也没必要这么折腾，毕竟孩子的承受力有限。让孩子吃苦的挫折教育，只要融入到日常生活中就可以。

第一，对孩子不要太溺爱，让他吃点苦，受点折腾。

第二，无论在生活上还是学习上，给孩子安排一定的自理任务，孩子能做的，父母绝不要包办代替。

只要做到这两点，就能给孩子一个成功的可以耐受挫折的吃苦教育。

教会儿子勇敢地承担自己的错误

孩子犯了错，有些家长批评多，骂得多，却往往忽视教会孩子致歉、认错这重要的一步。实际上，孩子的错，有时是有意的，有时是无意的，只要他们知错、认错，并诚意地致歉，就达到了修正其错误的

目的。

请记住，勇于承认错误，承担错误，也是小男子汉的一种风范。

皮皮，妈妈一定让你认错

饭后喝汤，两岁零三个月的皮皮拖拖拉拉。他可是拖拉惯了。终于喂了大半碗，觉得差不多，于是妈妈就收碗了。可是，刚走到厨房，就听见客厅里传来哭叫声。妈妈赶紧端着碗出来，迎面撞见赶来的皮皮："是不是还要喝？"她把碗递给儿子，谁知他一边哭，一边抢过碗来，不管不顾地将里面的汤往地上一倒，汤勺也"嘭"地一声摔得老远。

儿子的怪脾气又发作了！妈妈隐忍不发，故作轻松地问："皮皮是想收碗吧？"

为了锻炼他的动手能力，妈妈每晚都让皮皮喝完后，自己把碗和勺放回厨房。

奶奶说："今天不给他收，他就不高兴了。"爸爸听见了，过来说："好，皮皮帮爸爸收碗了。"也是那样哄着的语气。

皮皮这才哼哼着，慢慢收了哭声。脾气这么大，以后怎么得了？妈妈看着一地的狼藉，说："皮皮怎么能这样呢，今天皮皮做得不对啊！"他一听，知道妈妈是批评他了，哭声重又放大，并对她做挥拳状，一边说："臭妈妈！"一边还试探着走近了用小拳头打她。

"这是什么孩子呀？做了错事，还打妈妈！妈妈要打屁屁了。"说着，妈妈照他屁股上象征性地打了两下。小祖宗更加不干了，仰头大哭起来，像受了天大的委屈。奶奶忙把他拉走，他带着哭声喊："不要妈妈，不要妈妈！"

哭声一浪接一浪。妈妈有点受不了，但她知道现在绝不能妥协，如果这样，正好给他一个自己有理的印象，以后更加有恃无恐了。于是，妈妈走过去，把声调变缓和一点，跟他讲道理："皮皮，你这样是不对的，妈妈不知道你是要收碗啊，你为什么不跟妈妈说，却把碗往地上倒呢？"他安静了下来。"把地上弄脏了还打妈妈，你对不对？"他不做声，脸却红了一红，开始知道自己理亏了。

"你这样，对不对？"妈妈接着问，知道这是到了最关键的时刻，一定要咬住，彻底达到教育效果。

"对。"他从小自行车上下来去拿积木。

"啊，还对呀？跟妈妈说对不起。"

"不说！就不说！"

"皮皮犯错不要紧，但要勇于承认错误，快跟妈妈说句对不起。"

谁知，皮皮从裤子口袋里装作拿钱的样子，递向妈妈，说："给钱，给钱。"这是妈妈和他玩"警察叔叔罚款"游戏时用的办法。

"好，那我不理你了。"妈妈回到厨房。

"妈妈生气了，怎么办？"爸爸问他。

小家伙若无其事地玩，过一会儿，他拿了个吸管，跑来说："跟妈妈打针。"平时，他很喜欢跟妈妈玩打针的游戏了。

"不打。"妈妈转过身。

"打吧。"皮皮不由分说地在妈妈的手上打起来，听不到妈妈惯常的怕痛声，他又抱住她的腿，抬头喊："妈妈！妈妈！"

妈妈抓住机会，要他认错。他松开，又赶紧跑到客厅的小自行车前，一边按车灯开关，一边回头看着妈妈："闪灯啦，闪灯啦。"

小家伙的花样还挺多。但是，妈妈还是狠下心不理他。一定要让他真正认识到自己的错误，并且勇于承认。如果就这么打哈哈算了，对他以后可没什么好处。

小家伙又跑过来，抱着妈妈的腿，黏糊起来。

"给妈妈道歉。"奶奶过来打圆场。

"妈妈，我道歉。"皮皮终于妥协了。他看着妈妈，嘴里小声咕哝。

不过，声音太小，态度不真诚。"我没听见，说的什么？"妈妈问。

"对—不—起。"小家伙大声冲妈妈说。

妈妈马上高兴地回答："没关系。"并跑去抱过他，亲下小脸蛋。皮皮又开心地跟妈妈发起嗲来。

这位母亲的教育过程，非常值得家长们学习。她既有耐心又有智

慧，成功地让儿子认清了错误，最终道歉，承担了责任，而且让孩子没有任何的思想负担。

我们给各位父母的建议：

犯错误并不可怕，我们做家长的要教育孩子在面对错误的时候勇于承认，那么该如何做呢？

首先，要告诉孩子，家长都不喜欢撒谎或是做错事的孩子，尤其故意地做错事。

其次，当孩子做错了事情的时候，我们要鼓励孩子去承认自己做错了，而不要隐瞒。

最后，如果你的孩子在做错了事情后主动向你认错时，你不要责怪他，而要称赞他勇于认错的行为，并教育他下次不要再犯同样的错。

当孩子犯了错时，家长要做到：

1. 耐心地告诉孩子，做哪些事是对的，做哪些事是错的；让孩子知道做错了事要认错。

2. 了解孩子犯错的原因。孩子犯错时，对孩子说话的态度不能太凶。

3. 有的时候，有些事情，孩子心里明白自己做错了就可以了，不一定硬要他口头认错，只要他今后在行为上不再犯同样的错误，也可以达到我们的教育目的。这一点，就需要家长灵活地掌握，根据当时的情况，来采取合适的办法，比如在公众场合，人非常多的情况下，就可以允许孩子不必口头认错。因为在小男子汉看来，这可是非常丢面子的一件事情哦！孩子的自尊心还是需要保护的。

 延伸阅读：小男子汉的培养法则

按照宝宝的个性特点进行引导和培养，是爸爸妈妈们首要注意的问题。在 3 岁男孩的教育上，我们一再强调且贯穿整本书的两个字就是"天性"。3 岁如何决定了男孩的一生？就在于我们能否在宝宝的这个年龄段充分挖掘他的天性。做到这一点以后，我们就可以提供给您一些通用的培养法则了：

1. 为儿子创造当"保护神"的机会

比如有位妈妈，下班回到家，坐在沙发上，轻轻地对儿子说："妈妈累了，能把你的肩膀借我靠一靠吗？"小家伙不明所以，但觉得很有意思，就把头歪到一边，小小的肩膀凑过来，还认真地说："妈妈，是不是靠在我的肩膀上就不累了？"妈妈把头轻轻地靠在他肩上，赞赏地说："是啊！我儿子是男子汉，长大了要保护妈妈哦！"小家伙顿时就咧开嘴巴笑了。从这以后，他动不动就要充当妈妈的"保护神"，十分神气。

2. 孩子可以不高兴，但不能让他随便发脾气

有些男孩一不高兴就又撕又咬，乱发脾气，一旦养成习惯，遇事就会不懂得控制。冲动和鲁莽可不是男子汉的作为。除了要明确把这个要求告诉宝宝，家长还应该身体力行，让自己不在孩子面前乱发脾气。即便情绪不好时，也要尽量冷静地处理问题，把不良情绪化解掉，避免传染到儿子身上。有父母做榜样，宝宝会学得很快。

3. 让男孩学会等待和忍耐

不少孩子说风就是雨，想要就得给，一点也没有耐性。遇有这种事情，家长切不可退让半步，一定要及时纠正。等待和忍耐的品质是男子汉所必须具备的，从小时候起，家长就该利用一切机会，培养他的耐心。这项品质对孩子的将来很重要。

4. 让他明白后果好坏自己担

从小学会遇事承担后果，长大了自然就会有责任心。有一次，一个男孩生气了，突然把图画书扔到了地上。这时，爸爸看见了，不允许家人帮他捡，而是让他自己拿起来。如果他不捡，就让书放在地上好了。通过这样的小事，让儿子意识到：自己做的事情自己负责。

5. 家长要有事不关己的态度

必要时，要让儿子明白，父母不可能帮他做所有的事情，很多事都

需要他自己来做，以此来慢慢培养他的独立意识。

培养小男子汉，父母需要注意什么？

1. 建立性别认同

从宝宝懂事起就教他：如果有人问你是男孩还是女孩，要说是男孩。教他观察男孩和女孩的不同处；告诉他作为男孩的很多优势，让他以男孩为傲。除了心理上的性别教育，还让他养成健康的生理卫生习惯。

2. 抓住生活细节进行教育

比如，儿子摔跤了，你就对儿子说："宝宝摔跤了，自己爬起来，你是男子汉哦！男子汉是不需要人帮助的。起来吧！"再比如，让宝宝单独睡觉，不依赖人，让他自己吃饭；再大一些，凡事和他讨论，让他独立思考。父母不要对宝宝的行为永远说"不"，在保障安全的情况下，该放手就放手。

3. 言传身教才能奏效

4. 爸爸做榜样

适当的时候，爸爸要显示一个男子汉应该具备的一些品质，为宝宝树立一个模仿的对象。

5. 快乐教育是基础

一个快乐的男孩才有能力成长为一个真正的男子汉。比如，家长和宝宝在一起的时候，可以玩他喜欢玩的游戏；用积极的态度回答他的每一句问话，或回应他希望家长参与的每一种话题；经常蹲下来，以他的高度看他周边的风景；或经常为他提供做决定的机会。

第九章

3岁男孩的动力开关——让兴趣成为儿子的老师

　　爱因斯坦有句话："兴趣是最好的老师。"开发儿子的各种爱好，并引导他们根据自己的喜好去激发潜力，是让儿子成材的最好途径。有了兴趣就成功了一半，就像一个长跑运动员有了目标和动力。家长要做的工作就是帮助儿子发现他的爱好和优势所在，并进行正确的引导，用日常生活的点点滴滴，去激发和培养他的兴趣。

正确引导"淘小子"

腾腾是个快 4 岁的小男孩，最近妈妈发现他越来越调皮了：他可以用各种办法来达到自己的目的；喜欢搞出各种各样让人讨厌的恶作剧来让自己开心；做事情也不及以前专心了，总是三心二意；大人叫他做的事情他总是磨磨蹭蹭，而且还会冲着唠叨的大人大声叫喊："烦死了！""不，我就是不！"

面对突然表现出如此逆反性格的腾腾，腾腾的妈妈的心里很不是滋味。更多的时候是心急如焚，不知所措。她不知道该怎么办，不知如何来处理这种情况。昔日那个有爱心、有耐心的妈妈再也沉不住气了，面对孩子会时不时暴跳如雷地训斥，时不时无可奈何地叹息。

有时，好不容易调整好自己的心态和情绪，试着用以前温柔的语气面对孩子，却很容易再次被孩子激怒！她很困惑，面对孩子的淘气，应该采取什么办法呢？

这位妈妈之所以感到手足无措，是因为她将孩子置于与自己对抗的角度上了。无论儿子多么调皮淘气，家长都不需要与孩子较量，孩子也未必一定听我们的，家长也不必一定就要顺从孩子的思路。关键是要多了解孩子成长过程中的心理与行为特点，去懂孩子，与孩子一起成长。淘气的宝宝可能有一些过分的行为，但需要的是引导而不是"修理"和"对付"。

淘气是男孩正常的表现

随着孩子一天天长大，孩子会变得爱捣乱、爱搞破坏，一刻也闲不住。面对一个淘气的孩子，你一会儿担心他摔着、碰着，一会儿又要防着他动这动那、惹麻烦，至于把家里弄得乱七八糟，拿着物品当玩具，或是把刚买来的新玩具弄坏等更是家常便饭。

就像腾腾的妈妈一样，面对淘气的儿子，家长往往会感到费神，甚至是束手无策。其实，淘气是这个年龄段的男孩正常的一种表现，是他们对于自身兴趣的集中尝试，什么都想试一试，玩一玩。于是在家长的眼中，儿子就成了无所不为的捣蛋大王，管不了，说不得。

做为家长来说，一是要理解孩子的淘气行为，使自己心平气和，就能理智地对待孩子的行为；二是要设法去了解孩子，并在此基础上进行有针对性的教育和引导。

关于如何引导，我们给家长以下建议：

第一，孩子淘气时，转移他的注意力。当我们专心致志、兴趣亦浓地做事时，最不想被别人打扰。孩子也有同样的心情。他们常常将家中的东西，不管是有用的，还是无用的，不管是危险的，还是安全的，拿来作为道具，做游戏。在这种时候，家长强迫、威吓孩子终止正在进行的游戏，是不明智的。我们可以利用男孩注意力和自控能力较弱、稳定性差的特点，转移他们的注意力，比如制造一些新话题、新亮点，吸引他的注意力，再趁机将不可以玩的东西，放在儿子不易拿到的地方。

第二，家长要正视现实，不能跟孩子的"淘气"进行对立。孩子的个性及兴趣由于各年龄阶段的不同，他们所体现的程度也有差异。家中如果真有一个小淘气，家长也要正视现实，理解孩子的心情，走进孩子的心里，与之交朋友，及时发现孩子的优点，给予肯定及表扬，使他们在好的方面得到强化，以便改正错误。一味地站在对立的角度去责备、批评，和儿子打"对抗战争"，只会导致孩子心理偏差，效果适得其反。

第三，也是最重要的，家长要发现和利用孩子的兴趣、爱好、因势利导，使他的淘气转变成对兴趣的投入。孩子的精力旺盛、想象力丰富，又加之好动、好奇之特点是淘气的主要原因。为此，家长可根据孩子的兴趣爱好，引导儿子进行有益的活动。比如，很多男孩都喜欢玩打仗游戏，弄得家里乌烟瘴气，家长就可以趁机给他讲一些战斗英雄故事，像黄继光、邱少云等，从而教育孩子既要勇敢，又要守纪律。这些有益的活动，既丰富了知识，又满足了愿望，同时也帮助孩子克服了淘气的毛病。

耐心回答儿子提出的各种奇怪问题

耐心是什么？对宝宝来说，父母的耐心就是一座知识的宝库。孩子会对父母提出各种各样的问题，其中不乏大人看来很奇怪和无厘头的问题，没有任何值得回答的价值。

但此时，耐心就成了你是否可以帮助孩子完成兴趣启蒙第一课的重要因素。

一个穿着很体面的男人走进了火车站，他领着一个已经会说话的小男孩。当他们坐下来后，小男孩开始问问题了。

"爸爸，那是什么东西啊？"

爸爸说："是火车。"

"它开向哪里啊？"小男孩继续问。

"它开往引擎车间。"

小男孩问："爸爸，为什么它要鸣汽笛啊？"

爸爸用生气的声音回答："我不知道。你问得太多了。你要知道这些干吗？好好坐着，行吗？"

听了爸爸的训斥，孩子受到了惊吓。快乐的小脸沉了下来。他还是坐在那儿，但是不再问问题了。

这位爸爸的行为是正确的吗？当然是不正确的。缺乏耐心的他对孩子发火，使得孩子停止了笑容，并且没有勇气再问问题了。这肯定会减少孩子学习的潜力。这也会使他害怕，使他畏于向别人大胆地说话，畏于向别人问较多的问题。这种做法是完全不正确的。

提问出于孩子好奇的本能

通常来说，当孩子长大的同时，他的心灵也在成长。身体需要食物补充营养，心灵同样也需要营养。他们开始好奇于任何他们看到遇到的事情。他们想知道那些是什么。

孩子向我们问问题是出于他好奇的本能。家长应该学习这些心理上的原理。不要因为我们懒于回答孩子的问题，就用恐怖的声音去惊吓孩子来打断他们的提问。如果这么做了，孩子就会停止吸收知识。

家长最重要的工作就是增加孩子的兴趣和好奇心。所有的孩子都应该成长为有智慧的人。要做到这一点，耐心地解释他们的问题只是一个基本底线。

应该为孩子的提问而骄傲

如果宝宝开始感兴趣问问题，家长应该为他们的进步感到骄傲，并且尽可能多地去回答他们的问题，以此来促进他们的继续进步。在亲子教育的过程中，这是很有意义的工作。

家长切记，不要轻易地发火和失去耐心。当宝宝问你问题的时候，回答他们所有的问题。让他们搞清楚你的答案。比如他看到一个他从来没有见过的动物，他会问你这是什么？家长不要仅仅告诉他动物的名字，还要深入地去向他们普及一些知识。

比如，他们问起猫，家长要解释猫是哪一类的动物，对人类有什么用处。这样的答案会启蒙孩子进行思考。如果家长发现孩子惧怕那个动物，那么就要努力去驱除这种恐惧，告诉孩子，它没有什么好怕的。如果你能让孩子靠近并触摸他们惧怕的动物，会更好一些。这也是培养孩子爱动物、善待动物的一种方法。

给父母的建议：

第一，孩子是爱学习的。不要用训斥来阻断他们的学习。回答孩子问题的时候，永远也不要表现出不耐烦的态度。家长应该努力去回答所有他们提出的问题。这是开发孩子智力的一个好方法。

第二，有时候孩子会问一些回答不了或不适合告诉他们的问题，这时要告诉他们原因让他们理解，永远也不要对他们动怒。父母是孩子的第一任老师，我们必须像一个好老师那样去履行职责。不要忘记我们的责任。

第三，当家长外出的游玩的时候，比如去河边、公园散步，登山，或是去森林，最好能带上自己的孩子。这不仅仅是为了看风景，也是为了让孩子去学习和认识世界。世界上有很多的东西是孩子感兴趣的。如果是到河边，孩子会看到鱼，看到人们怎么在河里抓鱼。家长可以告诉孩子他们看到的是什么鱼；它对人类有什么用处。而且，还要告诉孩子不要在没有必要的情况下去残忍地杀害他们。通过这样的过程，孩子能从这些问题中获得巨大的知识量，以及一些非常重要的价值观。

陪儿子一起找答案

对于一些意义重大的、有很高的教育价值的问题，家长可以陪儿子一起寻找答案，以这种互动的方式加深他的印象，这是难得的挖掘儿子兴趣的方式。

小明爸爸的启发

一个礼拜天，爸爸悠闲地在家听那台老式录音机，儿子小明则显得有点百无聊赖地趴在沙发上，抱着一本儿童画册翻来翻去。不巧的是，录音机突然卡住了，本来优美的音乐旋律戛然而止。爸爸只好准备动手修一修这台老掉牙的机子。

看到爸爸拿工具准备拆录音机了，小明来了兴趣，扑腾就爬起来，蹲到爸爸身边，饶有兴致地望着爸爸。

爸爸灵机一动："你说说看，录音机为什么坏了啊？"

小明眨着眼睛说："爸爸，这还用说啊，拆开看看就知道了。"

他还挺聪明，爸爸笑了笑，又问："这个盖后面是什么呀？"他指着前面放磁带的小阀门盖。

这下难住小明了，他皱着小眉头想了好大一会，摇摇头，说："爸爸，我不知道呢，你快打开吧。"

于是，爸爸在儿子的关注下，打开了录音机，发现磁带卡住了。在小明一个接一个问题的询问下，父子俩完成了解开磁条、取出磁带、重新弄好又放回去的整个过程。

小明的爸爸利用这个机会，和儿子一起找到了录音机卡壳的答案，还通过通俗易懂的启发，让小明知道了录音机的工作原理。

给父母的建议：

三四岁的孩子对任何事情都很感兴趣，不过有时问的问题只是希望父母有反应而已，是不是完整的标准答案，孩子不会太在意。但是父母却绝不要因而敷衍他，给他一个模糊的答案。因为有时孩子会记得一清二楚，把错误的答案记在心里，等到将来要用的时候再纠正就难了。

五六岁的孩子的问题就比较"有学问"一点了，父母更是需要花心思，如果答不出来或者不好回答，那么就可以带着他一起去找答案，通过切身的体验，让孩子深入地了解问题的实质，还能顺便体验动手的感觉。

第一，家长应该明白，在生活中，孩子总是有很多的问题，家长也不应该全部替他去解答，如果这样，孩子就会产生依赖心理，也不能都让孩子自己去解决，这样会让孩子产生得不到帮助和支持的挫折感。

第二，家长一定要给孩子留出适当的思考空间，让他独立自主地完成思考和学习的过程，养成独立自主思考的习惯，实在有难度的，我们先是引导，然后提示，最后也要尽量和他一起寻找答案，尽量避免简单、直接地告诉答案。

第三，家长应该主动创造和孩子一起寻找答案的机会，不仅利于让孩子扩大知识面，激发他的兴趣，还能增加父子情感的互动性，可谓一举三得。

利用游戏开发儿子的智力

家长要有通过游戏开发男孩智力的"意识"，方法很多，不一而足，可以经常看一些这方面的书籍，根据实际情况来选择最适合自己儿子的游戏种类。

一般来说，低幼时期的男孩（两岁以前），游戏非常简单，家长只要陪孩子一起玩，在玩乐中自然就有了游戏，而游戏自然也就赋予了教的内容。比如教孩子识数时期，就可以用"你拍一，我拍一，一个孩子穿花衣；你拍二，我拍二……"这类两人边唱边左右手相拍之类的儿歌，使孩子慢慢建立起数的概念。父母可以跟孩子约定相互击打手心，你打我几下，我就打你几下，边打边数，使孩子既学习了数数，又建立起一种公平的意识。

下面我们为3岁以前的男孩提供几种智力开发游戏，都是比较简单易行却效果显著的方式，家长可根据孩子不同的年龄段，分别选择。

1. 整理物品

拿出大量的玩具，让宝宝自己玩，完了以后，将它们分别放回原来的位置。这个任务的完成需要爸爸和妈妈用正确的语言提示，比如"记住动物园里小动物的家在门边衣橱最下边的一层"。这个过程不仅是让他找到正确的位置，而且还有记忆词汇的作用。只有当宝宝听到规范的、细致的描述时，他们才能学会这些词汇。

2. 捉迷藏

最简单普通的游戏，却极具快乐、益智和锻炼宝宝身体的多重功能。家长与宝宝互相找一个藏身之处，让对方来寻找。家长要不断变换藏身位置，促使宝宝努力思考，增强他的判断能力。

3. 模拟保龄球

在家里的走廊弄一个保龄球滚道，然后在一边放置6个空的水瓶，并且准备一个网球。让宝宝帮你把所有的水瓶排列成三角形，并且和他一起大声地数瓶子的数量。让宝宝像打保龄球那样，把网球推出去，在水瓶倒了之后，就问他："你弄倒了多少个水瓶啊？"然后，和他一起数还在屹立的水瓶，从而得出倒下的水瓶数目。就这样，再和宝宝把水瓶弄起来，摆好，再重新玩一次游戏。

宝宝能从中学到的东西：在滚网球的时候，宝宝学到了眼睛和手的平衡，并且，在数倒下的瓶子的时候，学到了简单的加减法。

4. 小拼图大智慧

拼图老少皆宜，乐趣无穷。尤其是对0～3岁的宝宝来说，它不仅有利于集中宝宝的注意力、观察力，还有助于提升其视觉空间、图像认知、手眼协调能力，因此拼图是开启宝宝智能的一个重要手段，男孩女孩都非常适合。家长不妨带着宝宝一起来试试看。

0～1岁：看图案

0～12个月的宝宝，由于身体发育还不成熟，活动的空间也有限，因此，这一时期比较适合给他看一些色彩鲜艳、线条清晰、比较大的图案，尽量选用红、黄、蓝、绿这四个颜色的玩具和图形，为发展宝宝视觉图像认知做准备。

1～2岁：玩拼装玩具

1岁左右的宝宝会走路了，视野也拓宽了，认识事物和图像认知能力大大提升。这一时期，家长可以给宝宝玩一些简单的可拼装的立体玩具。市场上出售的有一些过家家的玩具，比如：可拆分、拼装的萝卜是不错的选择。这类玩具可以帮助宝宝从拆分到拼装的游戏中初步建立整体——局部——整体的概念，同时也促进了手部小肌肉的运动和发展。

2～3岁：玩四片拼图

两岁，宝宝的"正式"拼图游戏就可开始了。我们建议家长，让宝宝先从4片式拼图玩起。在选择拼图时，要注意拼图的图案、线条要大而清晰，颜色的区分要明显。

5. 广播电台

家庭中的每个成员作为一个广播电台，比如：奶奶广播电台、爸爸广播电台。一位家长打电话，当拨到某个电台时，这个电台就要播放歌曲、相声或者新闻等任何自己能够想象出的节目。家长可有意识地拨打孩子的电台，使孩子得到更多的练习机会，让他的语言能力得到提高。这样能使孩子的口齿清楚、态度大方，能有表情地讲述和朗诵。

另外，家长还可以在孩子耳边讲一些有趣的电报内容，如小猴在电灯泡里跳迪斯科、小老鼠打败了大老虎等。让儿子听后传给电台的第三个人，第三个人讲出电报内容，发电报人进行验证。如果没有第三个人，则要求孩子在家长的耳边再复述一遍。以此来培养孩子的记忆力和语言表达能力。

6. 小小营业员

准备孩子的玩具5－10件，还有围裙。然后将玩具逐一放好，家长先系上围裙当营业员，向孩子介绍商品。比如指着玩具狗说："这是只小狗，白白的毛，鼻子会闻气味，它有4条腿，有一条卷的尾巴，它会帮人们看门，你喜欢它吗？你想买它吗？"孩子将小狗"买"回去，然后再由孩子过来当营业员介绍商品，与家长的角色转换，游戏反复进行。

在游戏中，可以出现水果、蔬菜、交通工具、娃娃等各类物品，还可以让顾客描述要买的物品特征让营业员来猜，猜对了就把物品"卖"给顾客。这样就可以培养儿子运用口语进行连贯讲述的能力，并且巩固他对物品特征的认识。

不要将父母的兴趣强加于儿子

兴趣应该是儿子自发或在父母引导下产生的，而不是由父母强制注入，并且不情愿地将它作为成长发育中的一项任务去完成。遗憾的是，

现在很多家长在这样做，他们将自己喜欢的兴趣强加到儿子身上，希望并勉强自己的孩子也和自己接轨。

家长不能用自己过多的欲望，去扼杀孩子的童年，剥夺孩子的童年。

一位年轻妈妈，领着一个瘦弱的小男孩去医院咨询。她急切地询问专家，自己的儿子为什么这么瘦？专家一问才知道，这个小男孩一个星期天要上三个"兴趣班"：上午学英语，下午学数学，晚上学美术。而这种日子从他 3 岁那年就开始了。

小男孩坐在那里，不说一句话，目光呆滞。专家叹息着给出了结论：孩子太累了。父母的兴趣变成了孩子的负担和烦恼，他不喜欢的东西，被强加到自己身上，整个人都因此成了机器，没有了一点快乐和人生的乐趣。

在这方面，刘先生就做得比较好，他对儿子亮亮只有一个要求：做自己喜欢做的事，爸妈绝不干涉。从亮亮两岁开始，刘先生就和妻子商定好了这条培养原则，不送课外学习班，不请家教，也不增加额外的艺术课程。

现在亮亮已经 4 岁了，成功度过了 3 岁之前的兴趣培育阶段。在爸爸宽容的教育风格中，他在各方面都比同龄孩子表现了更好的潜力和素质。每个见过亮亮的人回去都会跟自己的家人说一句："那个孩子可真聪明！"

把自己的兴趣和意愿强加给孩子，是一种常见的现象。很多父母，对孩子的高要求不是根据他的特点和需要来制订，而仅仅是出于父母的主观愿望。比如现在，有些孩子不喜欢钢琴，可是父母认为孩子学钢琴很重要，逼着孩子学，不仅事倍功半，还会导致孩子的抵触情绪，伤害亲子之间的感情。

我们给家长的建议：

1. 应该根据孩子的特点来适当制订对他的兴趣引导计划，要知道孩子喜欢什么，不喜欢什么。让他感到逆反的事情，切莫强迫孩子去学。

2. 严格来说，不应该给3岁之前的男孩套上任何未来的蓝图，应让他像自由的鸟儿一样，在天空任意飞翔。

3. 兴趣的引导应适可而止，不应制定具体的目标。我们主张，对于3岁之前的男孩来说，任何兴趣都应只让他浅尝辄止，留下一个朦胧的印象即可。

不要让儿子过早地接受超前教育

现在很流行超前教育，可是你知道吗？过早接受超前教育的结果，只会让儿子既失去快乐的幼年，家长又得不到期待中的教育成果。

"超前教育"实则是"过劳教育"

谁都希望自己的孩子将来学习好，上班以后工作好，爱情婚姻更加好。因为父母有这些愿望的存在，导致了现在的孩子在很小的时候就开始学习各种文化知识，父母希望能为他们的将来打下良好的基础。

为了孩子上学以后能学得更好一点儿，在学校里能更轻松地学习。因此在幼儿园的时候就开始让孩子去学小学知识。父母认为这样等孩子上学后就不会因为学习而感到太累，会让孩子感到很顺利。而这种教育方式就被人称为"超前教育"，顾名思义，本该明天才学到的知识，今天就拿过来对孩子进行教授。

现在的幼儿园有各种特色的兴趣班，很多知识都和小学教育大有关系，连心算也在幼儿园里安了家，还有英语特长班等。孩子其实不想学，但父母想让他们学。不管适不适合，父母都在抱着"多学一点至少没害"的心态。其实不然，过于超重的负担，会让这个年龄段的孩子不堪其负，影响他的正常发育。

萌萌在两岁的时候就能从一数到一百了，特别流利，数的时候中间也不出错。听上去，他真是聪明的孩子，可事实上，他却一点不知道这些数字的具体意义。有一次奶奶问他："萌萌啊，一百是什么意思？"萌萌不假思索地说："不知道。"奶奶问："那你为啥还背？"萌萌的回答很老实："妈妈让我背的。"

孩子的幼年和童年只有一次，超前教育实则是在占据他们本该最快乐的时光，让他们在做一些毫无价值的事情。孩子美好的时光错过了，就再也找不回来了，并会对成年以后的他造成"童年缺失"的阴影。

3 岁宝宝应该远离"超前教育"

美国某大学做过一个实验：把 175 个孩子分成两组，一组由父母按照一般条件进行教养，另一组从 3 个月开始进行早期教育。之后，每 15 个月测验一次。他们发现，接受超前教育和训练的孩子智商确实平均高出 15 点。然而，这种早期教育的优势并没有一直保持下去，有些儿童上小学四年级后，就逐渐丧失了这种优势，而接受父母循序渐进教育的孩子通常都赶了上来。

这是因为随着孩子的成长，他们的学习兴趣、学习态度渐渐地开始支配他们的学习效果，而不是单一的智商，而且，超前教育组儿童在早年所体现出来的智商优势并非他们真实能力的体现，而是建立在他们比其他孩子学习了更多知识的基础上。等到其他孩子的知识在正规学习时突飞猛进以后，超前教育儿童在知识上优势就不明显了，相反，他们在幼年较少获得学习之外其他能力训练的不足则慢慢表现出来了。

看到这里，我们会发现，其实"超前教育"满足的只是父母渴望孩子成才的心理，对于宝宝自身来说，并不能够真正起到挖掘能力、开发智商的效果。

作为家长来说，让我们的小男子汉远离"超前教育"，会是一种明智的选择！

延伸阅读：学会保护宝宝的兴趣比什么都重要

看过这样一则家教故事：

一个刚入幼儿园的小男孩在洁净淡雅的新床罩上，用红、蓝圆珠笔涂上了"1、2、3"，还画了小鸡、小鸭。妈妈发现了，气得大声怒喝，摆出一副要揍他的架式，男孩吓得躲在墙角直哭。这床罩是妈妈跑了好几家商场，花了近一个月工资买来的。爸爸看见了，也怒上心头，向儿子投去严厉的责备目光。孩子知道自己将要大难临头了。

孩子的兴趣将被扼杀，童心将被摧残。十分庆幸的是，这位父亲在床罩和孩子之间，选择了珍视童心、珍视兴趣。

当父亲看到床罩上那似像非像的小鸡小鸭时，他的火一下消了大半，甚至还有一分惊喜。他将妻子叫到一边，把床罩泡在盆里。然后走近满脸惊慌的儿子，低声说："你把妈妈的新床罩弄脏了，咱们帮她洗干净好不好？"儿子顺从地跟着爸爸。爸爸边洗边问："妈妈买的新床罩你喜欢吗？"儿子点点头。"你在床罩上乱画，妈妈能不生气吗？"儿子的泪水夺眶而出。"看，这小鸡小鸭画得多像呀！看来它们也喜欢这漂亮的床罩，赖在上面不走了。"儿子笑了。"这小鸡小鸭如果画在纸上，爸爸、妈妈和幼儿园老师都会很喜欢。"父亲打了很多次肥皂搓洗，清晰的痕迹依然存在。儿子有些愧疚，走到妈妈身旁道歉。父亲接着说："真乖，明天爸爸给你买个画图本，你上幼儿园时在上面画一幅好看的小鸭子，送给妈妈，妈妈就不会生气了。"第二天，父亲履行了自己的诺言，儿子也果真给妈妈画了一幅画。

后来，在家长会上，父亲惊讶地看到儿子在"床罩事件"后画了许多画，有几幅还参加了幼儿园的"娃娃画展"。

对于一个孩子来说，兴趣有多么重要！这里面包含着他这一生的生命密码，蕴藏着他将来的希望，是他未来能达到的高度，是他可以尽情飞翔的翅膀。那么，做父母的应该如何正确引导宝宝的兴趣爱好呢？

善于发现

牛顿从小爱摆弄小玩具，上课时常开小差，老师扬言要把他赶出学校。但牛顿的父亲却认为这是孩子兴趣的表现，不但未反对，反而鼓励他继续发展下去。如果不是其父善于发现孩子的兴趣，牛顿后来很难成为一位伟大的物理学家。因而，父母要想孩子成才，必须敏锐地及早发现孩子的兴趣到底在哪一方面。

积极保护

比如孩子迷上了画画，这儿涂涂，那儿抹抹，把墙壁弄坏了，把床单涂脏。如果当家长的就此对孩子一顿乱打乱骂，无疑会损害孩子可贵的童心，也不利于发现和保护孩子的兴趣。

加以巩固

小孩子对事物容易发生兴趣，但一般难以持久。因而，家长在发现和保护孩子的兴趣的同时，应采取措施不断强化，使他们的兴趣能巩固下来。比如对孩子的兴趣爱好及时给予鼓励，让孩子在感兴趣的活动上经常取得一些小的成功，教孩子不要怕一时的小小失败，给孩子创造物质上的必要条件等。只有这样，日益强烈的兴趣才会有持久的推动作用。

善于引导

孩子如果出现某些不健康的兴趣，家长应立即以具有吸引力和新奇感的事物来吸引孩子，转移孩子的兴趣。特别是对已上学的孩子的一些课外兴趣爱好，原则上不要把它与课业学习对立起来，必要时稍加引导，就可以使孩子的兴趣爱好得到良好发展，促进课业学习。对于孩子还没有感兴趣的其他方面，只要家长引导得法，也完全可以让孩子感兴趣。

第十章

小习惯大未来——帮儿子从小养成好习惯

好习惯的塑造要靠父母的言传身教，特别是对于天生就不安分的活力四射的小男孩来说，更是要从小就督促他在各方面都养成良好的习惯。父母最好以身作则，通过自身的带动作用，再加上循循善诱的教导和纠正，使儿子逐渐具备最基本的优良品德，为他的未来打下坚实的基础。

小礼貌决定大风度

礼貌是拉近自己和他人的一座桥梁，懂礼貌的人容易让别人接受，成为一个受欢迎的人，所以父母们要从小培养孩子讲礼貌。小礼貌决定大风度，这是孩子很重要的一项素质培养。

周末，有客人来家里玩，妈妈对阳阳说："阳阳，快叫叔叔阿姨好。"没想到阳阳漠然地看了客人一眼，扭头就回了房间，留下尴尬的妈妈和客人。家里来了客人，孩子却这么没有礼貌，真让妈妈觉得脸上无光。你有过这种感受吗？

学会礼貌是一个潜移默化的过程，不是一蹴而就的。那么如何才能培养出一个讲礼貌的孩子呢？我们的建议是，从细节上面下工夫，以小见大，慢慢培养。

1. 让宝宝主动问好

正常情况下，大部分孩子都没有主动问好的意识，这需要家长的有意提醒和训练。经过几次有意识的督促，孩子都能够向人问好，这与是不是熟人并没有关系。家长平时要给孩子灌输向客人问好的思想，比如有客人来的时候，让宝宝主动说一声："欢迎！"客人走的时候，让宝宝说"再见！"有过两三次，擅长学习的宝宝就会形成初步的习惯。

2. 学会说谢谢

接受了别人的礼物，要让宝宝说声"谢谢"。感谢别人是最基本的礼貌，一定要教孩子具备这个意识。就算自己不会主动说，在家长的引导下也一定要能说出来。

3. 做错事要道歉

孩子们在玩耍的时候总是免不了会有碰撞和纠纷，你无法预料什么

时候会打架，推搡，甚至骂人。童言无忌嘛，小孩子说话没遮没拦。但善后的处理特别重要，宝宝如果做错了，家长一定要让他学会道歉，说声"对不起"。如果宝宝不想说，家长要及时干预，使知错就改成为宝宝的一种习惯。

4. 父母要做榜样

孩子有没有礼貌不是天生的，是后天培养出来的，而且孩子天生就喜欢模仿别人，所以爸爸妈妈在家里的时候要注意自己的言行举止，注意讲礼貌，给孩子树立一个好的榜样。比如有客人来做客的时候给予热情的招待；接受了别人的帮助以后，对别人说谢谢；在收到礼物的时候可以邀请孩子和你一起写感谢卡等。有了你的示范，再遇到类似的情形时，孩子自然而然地就会学你的做法。

5. 让孩子倾听大人的聊天

有些家长为了不让孩子打扰来访的客人，一般都会把孩子打发到一边，让他们自己去玩。这样做也许能够获得一时的安静，但是却可能会影响到孩子的社交能力。请记住，礼貌是在社交中锻炼出来的，而且要应用于社交。不让宝宝倾听大人的聊天，他也许会想：妈妈为什么不让我跟客人一起玩呢？是不是我做错了什么？久而久之，家里再一来客人，他就会自动躲到旁边去。所以，当有客人来访时，你应该向孩子介绍一下来的是什么客人，再向客人介绍一下你家的孩子，并让孩子帮客人拿拖鞋、拿杯子，顺便进行礼貌训练，千万不能把孩子排斥在外。

6. 教他使用礼貌用语

在不同的环境使用什么样的礼貌用语非常重要，要教会孩子拥有这样的判断能力。比如见到认识的人时，应该主动说"你好"。接受别人的帮助或礼物时，应该说"谢谢"。做错事情或者影响了别人时，应该说"对不起"。想要别人帮助时，应该说"请"。家里来了客人的时候，应该说"欢迎"。还要让孩子学会主动地给客人拿水果。离开的时候，应该让宝宝说"再见"。而且，尽管此时的宝宝还小，也应让他知道，在别人说话的时候，不能随便打断别人的话。

学会节俭

节俭是中国人传统的美德，作为将来的小男子汉，从小就训练他在这方面的意识。比如吃零食，如果不加以控制，没有节约意识，孩子从小就会花去不少的钱。那么家长就要告诉他吃零食的害处，避免让他养成吃零食的习惯。再比如玩具，给孩子买玩具时，要带他亲自去挑，只买一件他最喜欢的，让他在比较中学会取舍。

还有零用钱，要鼓励宝宝把零用钱存起来，让他知道，钱存得越多，就能买更好的东西，给他建立这样一种期待意识，这是存款意识的萌生，使宝宝从中体验到储蓄的快乐。

乐乐正上幼儿园，对面是个学校。妈妈发现学校门口的小摊贩特别多，有卖德克士炸鸡的、卖糯米饭的、卖烤肠的、卖冰淇淋的、卖烙饼的……总之，只要是吃的，都在园门口集中了。离园时，乐乐总是忍不住要买来吃，吃过后回家又吃不下家里的饭了。而且还经常说自己很累，要求坐三轮车回家，其实家就离幼儿园十来分钟路程，哪里需要坐车呢？平时孩子对钱基本没什么概念，看中了玩具，买！想吃什么东西，买！家里就这么一个宝贝儿，妈妈还有什么不会满足他呀？

妈妈觉得，这样下去可不是个办法，得教会孩子懂得节约、学会理财才行。再次去接乐乐时，乐乐说肚子好饿呀，想吃糯米饭。于是妈妈就在小贩那里买了两元钱的糯米饭，然后就给乐乐说："儿子，从今天起，我们俩开始来个理财比赛，我们两人每天一人两元钱，如果我们这一天用完了这两元钱就不能再用了。如果这一天没用这两元钱，就自己将这两元钱存起来，看一个月后我们俩谁存的多。一个月后我们俩都到银行去开个账户，以后就自己管理自己的钱。"

乐乐很高兴，欢叫着："好呀，好呀。"妈妈说："可不准反悔呀。"两人手指拉勾算是定了约定。母子俩边说着就来到了路口，乐乐说："妈妈，我好累呀，想坐车。"妈妈说："今天你没有钱坐车了，刚才你的两元钱已经买了糯米饭了。"乐乐伸了一下舌头："哎！我差点忘了。哦，对了，妈妈你想不想坐车？你不是还有两元钱没用吗？"妈妈笑了："呵呵，妈妈想走路，我要节约用钱呢。"乐乐扮了个鬼脸："我以为你想坐车我就可能搭个车嘛。那只有走路了。"说完就和妈妈一路高兴地谈着幼儿园小朋友的事一路走回了家。

第二天去接乐乐回家，路过卖糯米饭的小摊子时，乐乐停了一下走了十来步又停了下来，对妈妈说："妈妈，我本来想节约一点，不吃糯米饭了，但我还是觉得自己太饿了，还有就是糯米饭太好吃了，我还是很想吃。"妈妈说："你可以吃呀，你今天不是有两元钱吗？"乐乐跑回去，对卖糯米饭的说："买 1 元 5 角钱的糯米饭。"乐乐边吃边哈哈笑："妈妈，今天我节约了 5 毛钱。"到了路口，乐乐也没再提坐车的事了，一路和妈妈有说有笑地回家了。

就这样，才几天的时间，妈妈就让乐乐建立了节约用钱的意识。

我们中国的家长并不怎么重视孩子的节约，而美国人则比较注重这一方面：他们的小孩从 3 岁起，要使其能辨认硬币和纸币；5 岁时知道硬币的等价物，并让他们知道钱是怎样来的。做为中国的家长，并不一定全部照搬，关键是学习他们那种理财教育的基本理念。

也就是说，我们要让孩子从小就明白，要凭自己的劳动和智慧挣钱，要让金钱为我们的生活服务。通过这样的过程，让孩子学会节俭，这将会是孩子一生的重大财富。

干净的儿子更自信

讲卫生是一种好习惯，不仅使宝宝看上去整洁清爽，还让妈妈减少了洗脏衣服的次数。而且，良好的卫生习惯，可以减少宝宝病从口入的机会。干干净净的小宝宝，走到哪里都会大受欢迎。

小伟开始很抵触早晨起来时的洗手洗脸，妈妈总要费尽脑汁，才能把他叫到洗漱间，给他进行洗漱。小家伙还不肯刷牙，晃着脑袋，闭着嘴巴，躲避妈妈递过来的牙刷。

妈妈说："小伟，不洗手，不洗脸，晚上睡觉攒下的细菌，可就都留在你的脸上了……嘿，不刷牙，嘴里也会有的。"

小伟调皮地咧开嘴，吐吐舌头，气妈妈："看不到看不到！就是不洗。"

妈妈无可奈何，只能再劝，劝到最后儿子烦了，才总算凑和着洗了脸刷了牙。

有一次，小伟感冒了，鼻涕搭在外面，一抽一抽的，他就是不擦干净。妈妈这次急了，用手纸帮他擦掉，严肃地将儿子拉到身边，对他说："小伟，知道为什么感冒吗？"

小伟正被感冒折磨得很痛苦呢，对这个话题很感兴趣，问道："妈妈，我为什么会感冒呀？"

妈妈说："因为你不讲卫生呀，洗手洗脸不认真，刷牙不认真，现在鼻涕都快搭到嘴里了，你还一点都不怕，看来你是想天天都感冒，是吧。"

小伟一听，也担心起来，原来是这么回事呀，急忙对妈妈说："我可不想感冒，我现在就洗手洗脸，我还要刷牙！"

经过这么一次教训，加上妈妈的巧妙训导，小伟成了一个爱讲卫生的小男孩。

宝宝对一些卫生习惯有抵触，这很正常，毕竟刷牙洗脸都很麻烦，尤其当你让他自己动手的时候，他更是有一千个不情愿。怎么激起他讲卫生的积极性呢？平时家长可以与他做一些玩水的游戏，吃饭前要给孩子洗手，同时大人也要当着他的面洗手让他看，洗澡时可以给他一些玩具一边洗澡一边玩，如果哪次洗澡时表现很好，要及时给予表扬和鼓励，这样让他始终都有动力。

还有，如果宝宝想帮助你做饭，或是摆碗筷，应该先让他好好洗手。尤其是他刚刚上完卫生间，或刚刚抚摸了宠物的时候。家长要给他解释：大部分感染都是由脏手传播的，脏手可以把细菌传播到全家人的食品上，于是，细菌就会被吞进肚子里。只要孩子能听懂，这样的解释越早越好。

最后，就是要尽早教会宝宝正确使用垃圾桶，比如要用脚而不是用手去打开垃圾桶，或是要让宝宝养成扔完东西后洗手的习惯。

给父母的建议：

1. 多做示范

宝宝的年纪小，3 岁之前的自理能力比较差。妈妈和爸爸应该多做示范，刷牙、洗脸、洗手……向宝宝展示每个步骤，让他跟着你慢慢学着做。等宝宝学会了，别忘了再表扬几句，宝宝自然会摆出一副小大人的模样，不会忘了保持清洁了。

2. 多多表扬

给孩子穿衣时，要表扬他的衣服漂亮，并说弄脏了就不漂亮了。爱臭美的宝宝当然会小心翼翼，不再满地打滚弄脏衣服了。宝宝虽然年龄小，可是也很爱听"恭维"话的哦！

3. 边玩边适应

"太阳眯眯笑，我们起得早。手脸洗干净，刷牙不忘掉。饭前洗洗手，饭后不乱跑。清洁又卫生，身体长得好。"家长应该让宝宝学些培养卫生习惯的儿歌，一边唱一边给宝宝洗手、洗脸、剪指甲。宝宝肯定印象深刻。妈妈也可以设计一些培养卫生习惯的小游戏，让宝宝边玩边学习。

没有规矩不成方圆

守规矩也是一种必备的礼貌，虽说宝宝年龄小，但也有属于宝宝的规矩。比如宝宝有时会耍赖、任性、不听话、生活习惯不佳，不按时吃饭和睡觉，公共场合大喊大叫，这就是不规矩的表现，虽然很正常，但却需要家长的引导，逐步进行改正。而纠正的过程，需要家长采取一定的策略，不能跟孩子硬顶着干。

餐桌上，小军只要一见自己喜欢吃的东西，就把盘子往自己身边靠。他独占着爱吃的菜不让别人碰，常常弄得大家很尴尬。妈妈虽然和他讲过许多次道理，但他还是老样子，一副"我是这家老大，谁敢把我怎么样"的气势。

一天，妈妈做了儿子爱吃的炒鸡蛋，当着小军的面自己一个人吃，还装出非常好吃的样子。小军不由瞪大了眼睛问她："妈妈，你怎么能一个人吃？这样不好！"言外之意：得分给我吃点呢！

"炒鸡蛋很好吃，我很喜欢吃，有什么不好？"妈妈答道。

小军满脸不高兴，嘴撅得老高："我也很喜欢吃，你不能一个人吃！"

"你喜欢吃跟我有什么关系？我就要一个人吃！"妈妈一边吃一边说。

小军又气又急，说："妈妈，你不讲道理，也不礼貌，大家会不喜

欢你的!"

妈妈暗中窃喜,孺子可教也。于是,她让小军给她示范应该怎么做。小军说:"有了好吃的,应该大家一块吃,这是吃饭的规矩,是爸爸说的。如果你一个人吃了,别人会不开心,然后,大家不喜欢你。你没有好朋友也会不开心的。"

妈妈点点头,给了儿子一个赞许的微笑,并夸他懂事:"那么以后吃饭时,你也不要自己一个人吃好吃的菜,咱们大家都讲规矩,你能做到吗?"

小军很神气地说:"能!"

经历这场小小的风波后,现在小军终于学会了在餐桌上要分享食物这样基本的礼仪,也感受到分享带来的乐趣。其实,这就是妈妈给儿子上的有关于规矩的典型一课。

给父母的建议:

第一,让孩子守规矩,大人要避免说一套做一套。

宝宝从出生到三四个月大,就会开始模仿大人的行为与动作了。比如:妈妈吐舌头,宝宝也会学着吐舌头,这属于看不见的模仿,宝宝看不见自己的动作。等到宝宝再大一点,就会出现"看得见的模仿",比如:向爸妈挥手,宝宝可看见自己的手部动作。

因此父母在引导孩子学习规矩时,应避免"说一套,做一套"。比如:要求孩子吃饭时能乖乖坐好,自己却边用餐边看电视;要孩子早点睡觉,自己却晚上看电视到深夜,等等,这些都是不良示范。

第二,习惯和规矩的建立有规律可依。

家长必须了解,宝宝的生活习惯与规矩是可依"规律"建立起的,同时要让孩子认知各种规矩与习惯的重要性。家长可以运用说故事或玩偶、玩具、小游戏,引导孩子学习。如:玩扮家家的游戏,让孩子扮演正在用餐时的大人,即可适时引导他餐桌习惯与礼仪。当孩子做好某件事情，以言语鼓励他，还可增加孩子执行的原动力，并提高宝宝的自信心和成就感。

只要做到这两点，让我们的小男孩都能成为拥有好规矩、人见人爱且又活力十足的宝宝，并不是一件难事！

一切本来就应该有秩序

男孩天生就是秩序的创立者，所以，我们经常看到男孩故意与父亲作对，与老师作对，好像这个世界天生就不该约束他一样。

男孩也经常会问："爸爸，为什么上公交车要排队？为什么饭前要洗手？为什么我不能早晨睡懒觉？为什么玩具要摆放整齐，难道我就不能随便放吗？"等等这样的"叛逆"的问题。

这时，爸爸就要——地解释给他："如果不排队，人们都向车上挤，就会很混乱啦，说不定会有受伤的人；饭前不洗手，细菌就会吃进肚子里；早晨睡懒觉，你就没办法吃早饭啦，对身体也不好呢；玩具扔得到处都是，有时你就会丢失很重要的玩具呢！"

让男孩按规定做事情

其实，让孩子守规矩，并不是要限制小男孩不安分的冒险天性，因为一切事物都应该有它一个最基本的秩序。比如说人们常提到的纪律，它是指各机关、团体、部队、学校等为了维护集体的利益，并保证工作正常进行而制定的要求每个成员遵守的规则、条文。另外，人们生活在社会里，还必须依靠一定的道德规范来维持一定的社会秩序。

做为家长，就是要让男孩从小懂得这些规范，并且自觉地按照这些规范去行动，做一个既有创造力又守秩序的小男子汉。

让孩子守纪律、有秩序，从他们的日常生活抓起。俗话说："没有

规矩不成方圆。"要通过家庭的日常生活让孩子懂得，任何事情都有一定之规。在家里要让孩子知道，家里的各种用品、物件都有固定的摆放位置，每次使用后要物归原处；每日的饮食起居要有规律，要按时就寝和起床，按时进餐。

让男孩遵守游戏规则

在孩子做游戏时，家长也可以对他们进行这方面的训练。这是一种非常好的培养男孩秩序意识的方法。

任何游戏都是有规则的，规则是顺利进行游戏并达到游戏成功的保证。对孩子来说，游戏规则是对他们行为的必要约束。和孩子一起做游戏时，家长要督促孩子严格遵守规则，以此来培养他们的自制力，训练他们的纪律性。

例如，下棋时，家长应该让孩子做到"落子无悔"。著名的心理学家皮亚杰就认为，儿童游戏中的规则和成人社会的法规条文具有同等效力。孩子小时候遵守游戏规则，可以为他将来成为守法公民打下基础。

不过，需要注意的是，大人们可不要为了让宝宝守规矩，就限定他只能安静、乖乖地坐着，剥夺了宝宝四处探险的乐趣。因为遵守秩序和挖掘天性，这两者之间并不矛盾。

尽量让儿子亲自动手

意大利有一位著名的儿童教育学家曾经说过："教育首先要引导儿童沿着独立的道路前进。"独立性是孩子自我发展的内在动力，是孩子全面发展的基点。

家长可以让儿子去独立完成某些事情，有利于他在身体、智力、情绪、性格、意志等各方面的发展，我们应该给他自己完成某些事情的权利，让他养成一个"自己动手，丰衣足食"的好习惯。在未来，这将演变为他在社会上的生存能力。

皮皮和他的小棒

皮皮从幼儿园一回家，告诉妈妈说，他第二天上学要带小棒，数数用。妈妈想到超市的积木玩具里有很多小棒，而且做工精细、色彩艳丽，只是必须把成套的积木全买下来，她就答应了儿子："明天一定让你带上漂亮的小棒！"

儿子放下书包出去玩了，妈妈去厨房做饭，打算饭后就到超市去买那套积木。可当她拿起筷子拌面糊的时候，主意一刹那间改变了：把筷子截成两截不就成了小棒了吗？自己动手给儿子做小棒一定很有意思。

饭后，妈妈把小刀和五根筷子放在茶几上，正想按照自己的想法给儿子做小棒，皮皮好奇地围了过来："妈妈，你干什么？"

"做小棒呀！"

妈妈边说边端详着怎样下刀。这时，皮皮拉开客厅放工具的抽屉说："妈妈，用钳子吧！钳子不是能剪断很硬的东西吗？"真让人意外，妈妈怎么就没想到用钳子比用小刀省劲呢？竟然让皮皮想到了。

"喀嚓"一声，一根筷子断成了两截。"小棒做好了！"皮皮像搞出了伟大发明似的，拿着小棒欢呼着让爸爸看。

妈妈拿起第二根筷子刮了起来。皮皮看着她说："妈妈，我用水彩笔把小棒染上颜色，好吗？"

"行啊！"说实话，当初妈妈真没想到要做成彩色的小棒呢，又让皮皮想到前头了。他拿出水彩笔，开始在小棒上涂颜色，很费劲。涂了一会儿，他停了下来，索性把水彩笔的后盖拽开，把海绵芯子取出来，一排一排地往小棒上刷。不同的小棒染上了不同的颜色，不同颜色的海绵芯子也把皮皮的小手染成了彩色。

一会儿工夫，10根彩色的小棒就做成了。爸爸和妈妈正欣赏劳动

191

成果时，皮皮又忽然说去拿香水过来。妈妈很纳闷，问他做什么，他说要把小棒喷上很香的味道，让老师也闻闻他的香小棒。

终于做完了，皮皮打开文具盒，把一根根小棒装了进去。那一刻，妈妈被儿子感动了，因为过去她从没有想过，一次亲自动手操作的机会竟能唤起孩子对劳动成果的如此珍爱！

给父母的建议：

亲自动手可以锻炼儿子的独立性，还有解决问题主动性。父母要鼓励孩子这样做。

宝宝有了初步的独立性，去做力所能及的事情，爱动脑筋想问题，独立地从事一些活动，往往在身体、智力、情绪、性格、意志等各方面发展较快、较好；相反如果家长过分"关心"、"保护"，一切包办代替，不仅剥夺了孩子独立做决定和动手的机会，也使得孩子因缺少锻炼的机会而影响他们各个方面的发展，形成能力低下，性格懦弱、依赖性强，意志薄弱等后果。

当孩子有意愿自己做某些事情时，尽量让他有尝试的机会。其实，很小的孩子就可以自己吃饭、穿衣服和洗澡了。

不少家长经常对孩子说："来，妈妈帮你做比较快。"的确，家长代劳可以省去不少时间，但对两三岁的孩子来说，他可不希望父母仍然全盘控制他的一切，他会觉得"我会穿衣服，我早就知道怎么穿了，我一定要自己穿好衣服，要自己动手"。我们的小男子汉，已具备了自己动手动脑的能力，而且，他们想必早就有一展身手的念头呢！

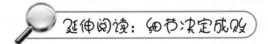

延伸阅读：细节决定成败

古语讲："泰山不拒细壤，故能成其高；江海不择细流，故能就其深。"所以，大礼不辞小让，细节决定成败。一个人只有具备细节处理的高超素质，才能比其他人更容易到达成功的顶峰。这也正是目前大部分人所缺乏的。在中国，想做大事的人很多，但愿意把小事做细的人却很少。

由此可见细节的培养多么重要，而重视细节的习惯，对一个人来说更是重中之重。一个成功者，必须要养成重视细节的习惯，不要忽略一些不起眼的细节，因为有时正是这些细节决定着一个人的成就。一个微不足道的动作，或许就会改变一个人的一生。

有一个年轻人刚从大学毕业，他到一家汽车公司应聘，一同应聘的几个人学历都比他高。在其他人面试时，他感到没有希望了，当他敲门走进董事长办公室时，发现门口地上有一张纸，便很自然地弯腰把它捡了起来。原来是一张废纸，于是这个年轻人就顺手把它扔进了垃圾篓。

董事长对这一切都看在眼里。年轻人刚说了一句话："我是来应聘的。"董事长就发出了邀请："很好很好，你已经被我们录用了。"这个让他感到惊异的决定，实际上源于他那个不经意的动作。

这是一个流传很广的经典例子，充分说明了习惯的巨大能量。习惯一旦养成，改起来很难。好习惯如此，坏习惯亦如此。坏习惯犹如陷阱，而好习惯则会让人受益终身。

小时候就开始重视细节，大了就不会忽视细节；

小时候就养成好的习惯，大了就不会被坏习惯击败。

对宝宝来说，我们要紧抓细节，通过对生活细节的反复训练，让好的习惯牢牢地根植在孩子的意识中，伴随他的成长，有益他的一生。

比如，从孩子9个月起，就要告诉他饭前便后要洗手。此时孩子虽然不大懂事，但随着天天训练，到1岁之后，一到吃饭时间，就会主动配合洗手。

家长平时要教育孩子不揉眼，不抠鼻，不随地吐痰。孩子的衣服脏了，应该及时换，使孩子明白，漂亮的招人喜爱的宝宝应该爱整洁。

我们要让孩子养成好的作息习惯。到睡觉时间就要上床，该起来了也不要躺在床上玩。孩子的生活要有规律，包括大便也最好安排在一定时间内。

我们要使孩子习惯于先了解陌生的物品是什么，不要冒冒失失的，见到就拿。养成询问加思考的好习惯不仅会使孩子生活中避害，也是一种学习方式。

我们要特别强调的是，好的生活习惯能否养成，与家长的行为有很大关系。如果妈妈脱了外衣随手一扔，孩子就不会将衣服叠挂好；爸爸躺在床上，脚却放到枕头上，孩子也会地上爬完了床上爬；大人乱弹烟灰，孩子就可能乱扔果皮。家长一定要自律。

家长要从小教育宝宝热爱自然，有爱心等。比如不踏草坪，不折花木，保护小动物，节约能源，不乱弃垃圾等。

而且要让孩子知道尊重人、关心人、帮助人。比如，让孩子帮邻居拿拿牛奶，取取报纸；在游戏中让孩子进行角色体验，明白"己所不欲，勿施于人"的道理。

孩子好习惯的养成，离不开家长的表率作用。相信，您读到这里，已经明白了一个好的习惯对于宝宝这一生的重要作用。

第十一章

"我的地盘我做主"——让儿子成为自己的主人

宝宝的自立要从最小的事情做起。让他从3岁开始，便勇敢地迈出人生独立的第一步。家长对于男孩自立性的锻炼，应该贯穿到日常生活中的每一个行为和细节，而不是说教似的语言灌输，充分让他体会到小男子汉的责任与本色就是独立、勇气和责任。让你的儿子做一个顶天立地的受人羡慕的小男孩。

不要凡事都代儿子做决定

重点：遇到事情先让儿子自己拿主意，锻炼男孩的自我决定意识以及判断能力，避免对家长的依赖感。

替孩子做决定的后果是什么？是养成他对父母大脑的依赖，把自己的思维寄养到家长这里，每遇到事情，都会首先考虑让父母拿主意。时间长了，就会让儿子形成唯唯诺诺、没有主见的性格。

周五下午，兵兵从幼儿园回来，满腹心事的样子，像是有什么事情犹豫不决。爸爸看在眼里，却有意地不去问他。这是聪明爸爸的做法。

晚饭后，兵兵憋不住了，主动过来跟大人说："爸爸，老师说明天幼儿园组织所有的小朋友去五四广场，说海边的风景可好看了，每位小朋友都要由一位家长陪着去看。"

爸爸欣然点头："好事啊，爸爸一定陪你去，你不是一直想在海边照张相片嘛。"

好事当然是好事，兵兵却一点也高兴不起来。他又说："可是，上个礼拜天妈妈答应过我，要在明天带我去中山公园的，爸爸，这可怎么办呀？"

爸爸明白了，原来是一道多项选择题，二选一，一个幸福的烦恼，让宝贝儿子犯了难。不过，这个决定可得由他自己去做，到底是去五四广场，还是中山公园，就由他自己去判断吧。这可是兵兵第一次在这样"重大"的问题上由他自己做决定呀！以前的时候，不管是买玩具还是出去玩，都是爸爸妈妈替他拍板，那时的兵兵表现得就像随你们怎么安排的温顺的小猫。

这次，兵兵本来也想让爸爸拿主意，他自己乐享其成，没想到爸爸一句话也不说，一副"不关我事"的姿态。他只好闷闷不乐地回房间

了。不过只过了半个多小时，兵兵便欢叫着跑出来，说："爸爸，我想好啦！还是去五四广场吧。"

爸爸问："嗯，挺好，为什么呢，能把你的理由告诉我吗?"

兵兵满脸笑意地说："爸爸，我是这么想的，幼儿园好久才组织这么一次活动呢，中山公园可是随时都能让妈妈带我去，你说是吧，爸爸。"

爸爸挺高兴，细想之下，儿子这算盘打得倒还挺精明，反正妈妈是随叫随到，幼儿园却不是咱家开的，只能去这一次。

你看，一旦我们让孩子去开动自己的小脑筋，自己做选择的时候，他可一点不亚于大人。有时，他们的反应真的会出乎我们的意料。很多事情，家长最好不要主动替他做出决定，不要告诉他该向东还是该向西，而是尽可能让他自己去琢磨，他一定会给你一份让你这个爸爸或妈妈都感到吃惊的答卷。

给父母的建议：

1. 让儿子自己去决定一些事情，可以锻炼他权衡得失的能力，让宝宝越来越聪明，建立自立意识。

2. 可以适当制造一些难题，让他去思考解决。

3. 父母要全程观察，莫离开太远的距离。

4. 自立意识的培养从宝宝一出生就可开始，比如双手各拿一个玩具，放到宝宝面前，让他自己选择想玩哪一个，循循善诱，从小事慢慢积累。

让儿子为自己做力所能及的事情

重点：能做的事情自己做，做不了的再求助家长，培养他的自理能力。

有的小男孩在家里就像个小皇帝，饭来张口、衣来伸手，颐指气使，从不沾家务活，就像娇滴滴的花朵，动不得，惹不起，隔三差五就把父母气个半死。其实，造成这一后果的，怨不得他人，责任主要在家长身上，是家长对孩子娇宠过度，保护过度，忽视培养他的自立意识而产生的后果。

家长平时应该多培养儿子的劳动习惯，鼓励孩子做力所能及的事。

比如，家长可以鼓励孩子和自己一起做家务，即便他可能会把事情弄糟，也应该给他锻炼的机会。让孩子和你一起做饭、做菜、清洁卫生，进行家庭合作，不仅让这样的好时光非常充实，也会让孩子体验到自己的价值，有助于独立，且对孩子的团队合作等非常有帮助。哪怕很多事情孩子都干不了，让他跟在一旁观察也是好的，也能让他学到自立的要领。

利利的"固定小工作"

有一位爸爸在这方面就比较成功。他的儿子利利虽然才3岁，但已经在家里有了自己固定时间的固定小工作。当然是他可以做到的，比如给花浇浇水什么的。他特别提出，孩子能做的事情，大人千万不要代劳。但你可以提醒孩子："我需要你帮我去做什么事情。"孩子通常都会很快乐地做。

他还给利利还制订了一个用来记录的计划表格，这个月利利准备要做的事情是否都做了，如果完成得不错（比如只要完成80%，就算良好），就让孩子选择一次奖励，去高级餐厅吃丰盛大餐或去动物园看猴子和老虎，等等。

利利的"干劲"很大，虽然才3岁，袜子已经是自己在洗，经常拿着抹布擦桌子，拖地，样样干得都不差。

爸爸说："孩子现在已经养成了习惯，根本不用我和他妈妈催他，他就自己主动去做了。"

父母的原则

　　培养孩子的自立能力，就是要从这种生活的自理开始。父母的原则应该是：孩子自己能做的事情就让他自己做。

　　他自己会穿衣服了，家长就一定不要再去帮他穿衣服；自己会整理书包了，那么，这件事情家长就别再去管。一件事情，只要孩子能做了，我们就让孩子去做，决不提供没必要的帮忙和代劳。

　　鼓励孩子尝试适合他们年龄的事情。一方面是说到了某个年龄，我们就应该让孩子学习相应的能力，比如三四岁的时候，我们让孩子学着穿袜子、穿衣服、洗手帕等，如果我们不去要求孩子做而是一直帮他去做，那么孩子可能永远都不会做。现在，有些人上了大学不会洗衣服，有些人一辈子都不会做饭。这都是不应该的。鼓励孩子多做尝试，孩子想做的事情，不要随便禁止。

　　比如，一个男孩对电路很感兴趣，看见电线什么的就"两眼发光"，非得弄个明白。这是他的兴趣所在，家长不要阻拦。那么在确保孩子懂得安全用电的常识后，我们就要允许孩子进行各种尝试，去具体地了解这方面的知识。当孩子获得某种能力后，在他力所能及的范围之内，我们就让孩子承担相应的责任。

　　对男孩动手能力的鼓励，需要父亲的充分参与。我们建议想要培养儿子自立性的家长，一方面要给孩子充足的展现空间；另一方面，也要考虑到孩子的个体差异，兴趣的不同。如果孩子不喜欢做家务，可以让他在其他一些事情上广泛地表现自立性。

引导儿子交几个"好朋友"

　　重点：培养与人相处的能力，让孩子学会判断"朋友"的价值。

　　男孩需要朋友，从小锻炼他的交际能力，可以让他在将来复杂的社会中立于不败之地。家长的责任就是让自己的儿子成为最受欢迎的宝

宝，怎么样才能让宝宝最受欢迎呢？这就要爸爸和妈妈平时多多示范交往的技巧，教孩子使用礼貌用语，教宝宝友爱同伴，要有分享精神。更重要的是要放手让宝宝在日常生活中加以演练，学会自己解决交往中发生的问题。

我们给父母的几个建议：

1. 让儿子自己处理"友情"

不管孩子是 3 岁还是 30 岁，他的人际关系，都要慢慢让他学会自己处理。父母包办代劳，事事为他出头，替他做主，是不可能让宝宝学到交往技能。

有的家长不想让宝宝在别人家的孩子面前吃亏，于是就教宝宝怎么霸道。是的，暂时是不吃亏了，说不定还能欺负别人，可长此以往只会让宝宝陷入被其他孩子"孤立"的境地，得不到来自其他宝宝的友爱之情，生活在自己封闭的小环境里，性格只会变得孤僻。

有一些妈妈，明明自家宝宝做得不对，欺负其他宝宝，也不进行批评，根本无动于衷。宝宝不小心被别人碰了一下，妈妈就说是别人故意碰的，大呼小叫。家长这样霸道的作风，宝宝会有样学样，根本不能学会宽容别人，也就很难交到"好朋友"。

虫虫有段时间，曾是幼儿园里最"不受欢迎"的男孩，小朋友不理他，老师淡漠他。原因就是他听了妈妈的话："孩子，硬气点，让别人都怕你！"瞧这位母亲都做了什么，她在鼓噪自己的孩子当幼儿园的老大，简直在推行"霸权主义外交政策"。

有一次，同在大班的小华借虫虫的画笔去，说好是第二天早晨就还，结果小华把画笔忘在家里了。虫虫按照妈妈的"指示"，把小华给打了。

妈妈由于担心儿子被人欺负，于是帮助他制定和小朋友的相处方针，结果却是虫虫在幼儿园人见人"厌"。

在孩子的交友问题上，家长何不"无为而治"？先做一个冷静理性

的旁观者，让宝宝依着自己的喜好去交际，不是更好吗？

2. 为儿子创造交友的环境

现在的孩子都是独生子女，都不太会交朋友，也容易产生所谓不合群的现象。在这个问题上家长应该这样做：为孩子创造多交朋友的环境。

首先，可以带着孩子到本小区孩子比较爱去玩的地方玩，让孩子主动去跟别的小朋友玩，让孩子把自己的玩具和别的小朋友一起玩，也让孩子学着向别的小朋友要玩具玩。家长还可以在家教会孩子玩各种角色游戏，然后鼓励孩子组织别的小朋友一起来玩这些游戏。这样，小孩子通过在一起玩游戏，很容易就能彼此熟悉起来。

其次，家长也需要经常让孩子邀请幼儿园中的小朋友到家里来玩。让他们一起搭积木、玩沙子，并且让孩子自己招待这些小朋友们。这个相处的过程，就是锻炼儿子交际能力的最佳方式。

另外，家长还可以时常带孩子到一些儿童活动场所（如游乐园、少年宫等）去玩。在玩的过程中鼓励孩子主动去认识别的小朋友，主动和别的小朋友交谈。回到家里，别忘了注意提醒孩子多跟认识的小朋友保持联系。

义义就是这样的一个孩子，在爸爸的帮助下，现在他几乎可以算得上是一个小外交家了。4 岁不到的小小年纪，竟然有一个厚厚的电话本了，周末，就有模有样地拿起电话，给朋友们问好，让全家人啼笑皆非，又感慨他的交际能力。

在小区内，提到义义的名字，几乎无人不知，无人不晓。他自然也就成了孩子们的头，号召力很强，受小朋友们的欢迎。他的爸爸居然也跟着孩子出了名，不过人们都只知道这是义义他爸，根本叫不出他的名字。

孩子要学会交朋友，必须要我们家长多为孩子创造条件，这样，孩子就不会再不合群了。

3. 引导儿子的心态

在小朋友面前，既不要内向自卑，也不要有优越感。这个心态是我们要灌输给儿子的。有的孩子性格比较保守，说不上两句话就脸红，胆怯，畏首畏尾，怕和别人说话，我们要鼓励他，引导他融入集体，表现自我；而有的孩子因为家庭条件富裕或者其他一些原因，小小年纪就觉得自己很了不起，在外面趾高气扬，飞扬跋扈，瞧不起其他的小朋友，这种心态我们一经发现，应该立刻制止和疏导。

阳阳就曾有过这么一次，爸爸在单位升了职，全家人一起吃了顿大餐祝贺。小家伙觉得爸爸很厉害，是全世界最厉害的爸爸。因为爸爸当了局长，和公安局的"局长"是一样的官呢！次日去了幼儿园他就开始"吹牛"，还嘲笑小朋友的爸爸没自己的爸爸有本事。

老师发现了，及时对阳阳进行了劝说，又跟阳阳的爸爸进行了交流。爸爸赶紧跟阳阳谈心，告诉他："每个人的爸爸都是一样厉害的，都有自己最擅长的一面。"仔细把道理跟儿子讲清楚，消除了这个苗头。

孩子只要有一个健康阳光的心态，在他交友的过程中，父母就不需要操心太多，他也一定会交到很多的"好"朋友，而不是"坏"孩子。

让儿子参加他能做的 "男人的工作"

重点：锻炼男孩的责任意识。

让男孩知道他是小男子汉，引导他去做一些颇有意义的工作，并及时进行肯定和赞扬，对树立孩子的自立意识很有帮助。

什么是"男人的工作"呢？我们可以灵活地理解，比如两岁多一点的男孩，能在睡觉之前，自己把小床上的枕头摆好，被子简单地铺开然后钻进被窝，伸手关掉台灯，并对妈妈说声"晚安"，这就是一种很

成功的"男人的工作"，因为他自己完成一件很重要的事情；家长在工作的时候，让宝宝替你拿一些轻便的东西过来，可以从客厅拿到书房，也可以从书房拿到卧室，这个过程就能让孩子产生"我很重要"的感觉；再比方说，爷爷和奶奶坐在客厅看电视，孩子端起茶壶，给两位老人倒杯茶请他们喝。诸位家长，难道不觉得这样的行为很有"男人"味吗，如果宝宝能做到这一步，他已经很有小男子汉的心态，不仅是懂礼貌和有孝心，而是已经产生了"照顾自己"和"照顾别人"的心态，这是很可喜的。

我们说，让儿子参加他能做的一些男人的工作，并非就要去做力气活或要求很高的任务。一些平常小事，因为性质的不同，意义就大为不同。只要不是有危险或完全做不到的事情，都可以放手让他去做。培养儿子的自立意识，不是上街喊口号，也不是摆个舞台表演给邻居和老师看，而是体现在这些琐碎的生活细节里，让他亲身体验一些事情的程序，了解生活的内容。

年满 3 岁的男孩，最有成就感且最安全的工作，莫过于让他参与到全家的卫生清洁中来，并分配给他一定的任务，让他去完成。清扫房间的过程中，孩子会碰到各种各样的生活用具，顺便就能够普及一些常识给他。事后，家长还要对他的工作进行评定。

有了这个计划后，先别忙着开始，由于宝宝的能力有限，为了不让他因为干得太盲目和太累而灰心放弃，全家人应该一起开个策划会，坐下来先分清每个人的工作范围和职责，在讨论中尽量各抒己见和相互支持，对将要遇到的困难和问题做出预测，使孩子对完成所选择的任务有一定的心理准备。

然后就是准备工具，各自挑选必须的工具，如墩布、吸尘器、簸箕、笤帚等。这时，思想工作做好了，工具准备充足了，爸爸、妈妈和儿子就可以一起享受这个清洁温馨的家的责任感。

房间的大部分家具落满灰尘，急需清理，其中以客厅为积尘之最。

家长可引导孩子通过观察、比较，确认哪些家具脏了，知道为什么要擦。父母也可以大声讨论要做的事，自然地引导孩子进入自己的角色。

"宝宝快来看一看，房间里哪儿脏了？什么该擦了？"通过提出问题，鼓励孩子主动发现该做的事，引导孩子迈出"有所为"的第一步。可视孩子的年龄，进行引导，如歪头看看、手指抹抹等。

还有就是交流信息，相互交换自己所搜集的情报：如桌子该擦了，因为有脏印儿了，柜子该擦了，因为都能划出道道了，茶几该擦了……通过交流扩大儿童的关注范围。

和儿子讨论分工也是必不可少的一课："妈妈一个人擦，得干很长时间。我们一起动手，一会儿就干完了。宝宝会擦吗？你能擦哪儿？"

鼓励孩子选择一个适合他身体高度和应付能力的擦拭对象。引导孩子在选择的过程中，进一步了解和认识自己的能力。如果成人认为孩子的选择不妥，最好不要简单拒绝，在不构成安全隐患的前提下，给孩子留下选择的空间，便是给了孩子主动发展的可能。

同时，还锻炼了孩子"各司其职"的负责意识。因为每个家庭成员都要认真履行自己的承诺，擦拭自己分管的责任区。劳动的过程中，父母要以身作则，并注意运用语言及身体动作感染和鼓励孩子做好、做完一件事，保持持久的愉快情绪。

工作完成后，家长要引导儿子关注自己和他人的劳动成果，分享合作的快乐。"看，爸爸真棒，把高高的卧室柜擦得这么亮。"妈妈也可以自我介绍："电视柜上的土真多，我用了两块抹布才擦干净。"

最后，当然就是肯定儿子的成绩了："快看，宝宝真了不起。原来这块抹布是白白的，现在白抹布抓到了这么多的尘土。"

我们的建议：

这类家务清洁工作不宜在任务太重的情况下让孩子参与，以免孩子烦躁与产生反感，避免孩子对劳动产生负担沉重的消极体验。可视孩子的年龄，在参与清洁的活动中，做出有弹性的调整。如孩子认领很多任务，但

实际又可能完不成，父母可以以游戏的口吻介入协助："我们来啦！我们帮你来啦！"在培养孩子责任意识的过程中，使孩子获得亲情支持。

给儿子一个属于自己的空间

重点：男孩也应该有隐私和自我空间，这有利于他健康的心理成长。

有一个小故事能给我们一些有益的启示：一只牛被缰绳束缚在一棵大树下，它的四周是广袤的草原，然而这只牛把以缰绳为半径的圆圈内的草吃完后，死掉了。究其死因，一位路过的人说：皆因绳未断。作为家长，就应该做到放开手里的缰绳，多给儿子一些属于自己的空间，让他自己去打理，让他有完全的决定权。

我们现在虽然为人父母，可想想自己的小时候，不是一直都希望有自己的一间卧室或是自己的一个小天地吗？在这个小天地里，我们可以自由自在地涂写，自由自在地玩乐。现在，我们的孩子也有这样的心理，家长请一定尊重他们的要求，这是自立的非常重要的一步呢！

许多家长早上送孩子们到幼儿园的时候，一手拿着早饭，孩子吃一口喂一口；一手拿着书包、衣服，甚至帮他们把书包、衣服在抽屉里放好了，还是一步三回头不放心地瞅着儿子，好像怕被风刮走了似的。相比之下，孩子们倒是一副无所谓的态度，每一件事做下来似乎跟他无关似的，而我们的家长却乐此不疲，有说有笑地做着这些事，似乎是他们应该做的一样。可是家长有没有想过，自己的宝宝是多么"可怜"啊，连这样的事情，他们自己都没有决定权，毫无私人空间可言。

家长往往总是按照我们预设的理想和计划，指挥着宝宝做这个做那个。岂不知，大人已经成了孩子的绊脚石，不仅使孩子振翅欲飞的童年之翼被折断，也使宝宝多走了许多冤枉路。所以我们要给孩子自己做主人的空间，给他们自己选择游戏的机会。

一天，家里来了很多小朋友，爸爸让城城拿出自己的橡皮泥和大家一起来玩。过了一会，爸爸走过去，发现他们并没有玩橡皮泥，而是在玩"石头、剪子、布"的游戏，嘻嘻哈哈挺热闹，玩得特别开心。爸爸想，我何必去阻止他们而来按我的意愿呢？所以，就对他们说："你们这么开心我也来好吗？"孩子们都点头道："好好好！"于是和孩子们商量了一下，改用音乐游戏的"石头、剪刀、布"一起玩了起来。

这就是开明的爸爸，儿子和小伙伴待在一起，玩什么该由他们自己决定。换言之，这段游戏时间，属于他们的绝对私人领地。只要他们高兴，家长就不要干预。

有一天，城城看到妈妈翻出了他小时候铺的泡沫垫子，忙问："妈妈，这是什么。"当得知妈妈要为他铺个小屋子时，城城乐坏了，执意要帮妈妈一起收拾。他一会帮忙铺垫子，一会帮忙拿玩具，高兴极了。

等一切收拾好后，妈妈又用毛巾给他擦了一遍，擦的时候，城城光着小脚丫上来踩了好几个脚印。看到自己的小脚印时，城城忙示意妈妈帮他擦掉。妈妈当然也不能放过这次机会，适时地教育了一下城城。告诉他：上自己的小屋（指铺好装饰好的垫子）时一定记得脱鞋。城城非常配合，直到下午午睡起来后，他还记得脱鞋才能上自己的"小屋"。

孩子们其实非常需要一个自己的地方，在那里他们可以不受大人约束，随意地放玩具，时间久了，还会让孩子养成一个不乱放玩具的好习惯。比如城城，在自己家里，每次玩完玩具后都会乖乖地把玩具收拾到一个角柜里，下次回家时也不用妈妈管，自己就去找自己喜欢的玩具了，而在奶奶家，城城向来都是乱堆乱放，任凭奶奶说破嘴皮也不起作用。今天，看到城城认真地在自己的小天地里摆弄玩具时，妈妈终于找到了答案。

给宝宝一个属于他自己的空间吧，而且，我们还要按照他的要求来进行装饰哦，这会让他明显感觉到，这个房间是属于他自己的！即便是爸爸妈妈，进去之前也要敲门哦！

让儿子参与集体生活

重点：与家人适当的分离，参与集体生活，有助于培养宝宝的独立意识。

"妈妈，我想出去和小军哥还有小朋哥一块玩，好吗？"

面对儿子的问题，你会怎么回答呢？如果作为旁观者，看待别人的孩子，相信所有的父母都会毫不犹豫持肯定态度：孩子嘛，就该出去玩，多和小朋友一起，才能学点心眼嘛！可当这个男孩换成是我们的儿子时，我相信至少会有一半的父母是踌躇的，首先想到的是：小军以前是个爱打架的孩子，小朋虽然不打架，可是鬼心眼太多了……你看，父母总是担心自己的宝贝儿子会不会让人欺负啊，会不会被骗啊。就是没有去想，如果儿子不迈出第一步，到集体生活中去锻炼，那到什么时候家长才不用牵肠挂肚了呢？

南南生下来就没在父母身边待太长时间，3岁之前，基本一直待在爷爷奶奶那儿。到了该上幼儿园的年龄了，妈妈就把他接了过来，准备下个月就送他去幼儿园。

这一天，南南拿着刚买来的自动坦克在外面自己玩，邻居家的几个小朋友也有自己的玩具，过去凑到一起，想和他交换着玩。南南不愿意，抱着小坦克，一声不吭。

妈妈劝他说："南南，你看，他们的玩具多好啊，有冲锋枪，有直升机，还有军舰呢！"

无论妈妈怎么说，南南就是不听，抱得更紧了。妈妈有点恼："这孩子，怎么这么自私啊！"南南一听，往地上一躺，怀里抱着坦克车，就打起滚来，又哭又闹。

别的小朋友都愣愣地看着他，不知道他到底怎么回事。一个小朋友说："哎呀，你别打滚了，我们不玩你的坦克车了，走走，咱们到别的地方去吧。"几个小朋友有说有笑地离开了。

南南这才停下来，不闹了也不吵了，坐在地上，静静地看着他们的背影，一句话也不说。

妈妈意识到了问题的严重，南南前两年一直住在爷爷奶奶那边，由于交通不便，大人去的次数少，而乡下很多年轻父母都把孩子带出去了，南南一直没有玩伴，缺乏集体生活的锻炼，甚至根本不知道如何与小朋友相处。

从南南的例子我们可以看到，集体生活对于宝宝的个性培养，对于他的自立和交往意识有多么重要。在亲子教育中，我们要时刻注意为宝宝创造集体生活的机会。特别是已经进入幼儿园的宝宝，家长尽量少去干涉他在幼儿园的生活，就把孩子放心地交给老师和小朋友，那可是一个独立的"小社会"哦！

 延伸阅读：独立精神是男孩成功的翅膀

对于独立精神，有一位心理学家做过一个分析和研究。他认为当被问及"你要喝什么"时，回答"我想喝咖啡，不想喝红茶"比回答"什么都可以"的人，将来在社会上会更有作为。因为他遇事都能有自己的主张，而且敢于表达出自己的主张。

所以为了孩子的健康成长，从小我们就应该培养他的独立精神，尤其是敢于表达和负责的意识。在孩子表示自己的意见时，绝对不要用"你要听妈妈的话，好孩子"来压制他。

家长要允许男孩有自己的主张和看法，不要把自己的意志时刻强加于孩子，仿佛只有自己才是正确的。因为独立精神是男孩成功的翅膀。即使家长发现或认为孩子所说的话不对，也应该允许和谅解。因为在3岁这个年龄段，孩子的想法和主张有时不正确是再平常不过的事。父母可以解释、纠正，而且应该解释和纠正。因为这正是教育和培养孩子独立思考的好机会。

只是，家长的语气应该亲切："你会有这种想法吗？"同时还可以加上一句："但是妈妈不认为如此，"或"爸爸有一个完全不同的看法，你想听听吗？"这样就可以纠正孩子的错误主张，培养出孩子正确的观念，独立的思考能力和灵活的头脑。

我们要知道，孩子不独立的结果就是温驯听话。这样的人步入社会后，不容易与他人发生意见冲突，尤其是对上级会百依百顺，容易博得一些上司的欢心。但实际上却丧失了基本的独立性，变成了一个没有责任感，不用头脑而怯懦的人。也许在某种特定的社会里，他可以做一个很好的工具。但是，当社会从封闭走向开放时，一个温驯的工具必然会被社会所淘汰。

如何判断你宠爱的小男孩缺乏独立精神呢？只需要回答这几个简单的问题：

1. 是不是很多他自己能做的事，你都帮他做了？（例如洗袜子、擦桌子、绘图作业等）

2. 是不是很多他问你的问题，你都毫不犹豫地做出直接的回答了？

3. 是不是他只要遇到麻烦，你都马上替他解决了？

如果全部是肯定的回答，那么你就反思一下自己的培养方法了，这说明你的宝宝正一步步失去独立意识，成为一个完全依赖父母的"小皇帝"。

正确的做法是，让孩子自己的事情自己做，即使正在犯错，家长也不要急于插手干涉。这时，观察是家长可以采取的态度，既能认清宝宝的能力和性格，也能对症下药，做出正确的引导。

当男孩还小的时候，很多家长习惯于凡事都为他考虑得周全细致，认为宝宝永远都需要自己悉心地照顾。从常理上讲，这并没有什么错。但当男孩度过了3岁，当他主动向你要求"自己来"并拒绝你的帮助时，你千万不要由于担心他做不好而焦虑，因为这对于宝宝来讲并非坏事。

第十二章
巧妙处理儿子成长中的烦恼

　　儿子在成长的过程中会遇到很多陌生新鲜的问题，他不知道答案，很想追根溯源。家长应该关注孩子的这些烦恼，对于一些特殊的问题，做好充分的准备，给孩子一个合理的满意的解释。本章就一些在男孩身上比较常见的问题，做一些简单的建议。家长具体采取什么样的方式，还应该视自己宝宝的实际情况而定。

"妈妈，我是从哪来的"

几乎每一个孩子，心里都有这样的疑问：我是从哪儿来的，为什么来到这个家？很多孩子也都会问妈妈这个问题，但很多家长都碍于这是个与性有关的问题，小孩子不该知道，便都对儿子"撒开了谎"，答案也是五花八门。

比如：你是从大河里捞上来的；你是从垃圾桶边上捡来的；你是天下掉下来掉到房顶上的。还有一个妈妈，经不住儿子的苦苦缠问，就对儿子说："有一天我和你爸爸去爬山，在山上捡了一只小猪，于是就抱回家放在被窝里暖，暖着暖着就把你孵出来。"结果儿子信以为真，一直以为自己是猪变的，到处跟别人讲这个故事，闹出了不少笑话。

在大多数的家长眼中，这是一个涉及性的敏感话题，不想说给孩子听，甚至根本不想孩子问这个问题。其实，这个问题越早给孩子答案，越容易解决。

有一位妈妈就做得非常好，两岁的儿子向她提出这个问题时，当时她也有点蒙，可转念一想，觉得不如实话实说："宝贝，你是从妈妈的肚子里生出来的啊。"然后妈妈拿出了家里的相册，翻到她怀孕时的照片，让儿子看，"你看，妈妈的肚肚大不大，你猜里面是什么？"儿子摇摇头。妈妈说："就是你呀。"就是这次简单的对话，以后儿子经常趴在妈妈的肚子上说："我很小的时候是在妈妈的肚肚里。"一脸的陶醉。

另一位妈妈，当儿子带着好奇心问她同样的问题时，她也很坦然地尽可能用他能听懂的语言告诉他："你是爸爸和妈妈爱的结晶。有一天晚上，爸爸把你放到妈妈的肚子里，那里边很温暖，也很安全，还有很多的水，你就在里面游泳。"儿子听了，很感激地亲了一下妈妈的脸

颊，又扑进爸爸的怀里，亲了一下爸爸："爸爸，我好爱你和妈妈！"全家人都被一种浓浓的爱包围着。

这种回答的方式都是可以的，既平实易懂，又尽可能贴近了事实，还回避了敏感的性问题，让孩子的内心能留下一个大体不差的印象，解决了他的困惑。

"为什么我有小鸡鸡，小姐姐没有"

周末，同事带着 4 岁的女儿来玩。饭后，女孩去卫生间解手，强强机灵捣蛋地要钻进去，被妈妈一把拽住。

过了一会，强强悄悄地问妈妈："为什么我有小鸡鸡，小姐姐却没有呢？"

妈妈大吃一惊，不知道该如何回答，本能地说："去问爸爸。"

强强又去问爸爸，爸爸笑着说："因为你是男孩啊。"

"我知道我是男孩，我问的是为什么小姐姐就没有。"强强不达目的誓不罢休的样子，让众人不禁莞尔。

妈妈的脸色有些尴尬，但爸爸示意妈妈不要阻止儿子的提问，说："因为男孩和女孩不一样啊！"

强强睁着两只水汪汪的眼睛，幼稚的脸蛋上写满了期盼，问："为什么不一样呢？"

爸爸望着儿子的眼睛，平和地说："孩子，男孩和女孩的生殖构造本来就不一样，女孩子因为将来要生宝宝，所以不需要小鸡鸡，而男孩子就需要呢，这些知识，过一段时间我会详细地跟你讲解，好吗？"

强强若有所悟地点点头："原来是这样，好啊。"

这位爸爸的回答虽然不是特别合适，但基本符合了儿子的心理预期，解除了他的困惑，让他知道，原来男孩和女孩的身体结构不一样，将来有着不同的任务的。如此一来，他就不会在这个问题再耗费太多的精力了，也不会再瞎联想了。

有些家长，当儿子问这个问题时，却经常给出不伦不类的回答，比如："她以前有的，后来不听话，让大人给剪了，你以后要是不听话，也给你剪掉！"

这种回答不仅错误而且极易造成危险的后果，让孩子惊吓不已，生怕你哪天不高兴真要下毒手，会引发连锁的心理反应。孩子对于父母都是遵从甚至崇拜的，有的时候他们可能会借"听话"来获得父母的认可甚至只是注意。他们缺乏安全的知识，有的时候，也许真的会酿成不可想象的后果！比如宝宝听了你的这个回答，就会觉得，哦，原来谁不听话，就可以给他剪掉！当他在幼儿园和小伙伴发生纠纷时，其可能的后果之严重，可想而知。

大部分家长，当孩子问及性知识方面的问题时，羞于言表，总是说些模棱两可、似是而非的话；即使通过教育或者自主学习有了一些正确性知识的家长，也因为此问题的敏感性不敢和孩子展开关于性知识的对话。还有的家长认为，对孩子进行性教育是破坏孩子的纯洁性，会在无意中起到教唆作用。

其实，这样的问题越是遮掩，麻烦就越大，这就像一棵草，你越不尽早拔掉，它就长得越丰盛。我们如果能在学龄前和小学期间让孩子懂得一些正确的性知识，养成正确的性道德，会使孩子在日后的岁月中不至于对此觉得过分神秘，再遇到一些性问题时也能自然而有序地来接受这种变化了。

每个合格的老师在登台之前，都要克服自己的尴尬和不安，而作为儿童最初和最重要的老师的家长，更应该克服关于性教育的尴尬和不安，为了孩子的健康成长，勇敢地与孩子沟通，对孩子进行引导。这是父母的责任。

多动症有什么样的表现

很多家长对多动症并没有具体的了解，不清楚到底如何才是多动症。所以当一个孩子太过好动活泼时，总会有人怀疑自己的儿子是不是得了多动症，并因此忧心忡忡。

有位妈妈，她的宝宝 18 个月了，平时很爱动，很聪明。可就是有时会突然很激动的样子，挥手大叫，还会咬人，她很害怕，猜测可能是多动症，惶惶不安。还有一位母亲，她的儿子快 4 岁了，性格活泼开朗，非常好动，幼儿园到处可见其身影。老师跟他说话，他经常走神，精神不能集中。中午午睡，小朋友都能安静地睡觉，一般 10 分钟就都睡着了，可是他一直都不睡，手一直在乱动，不是拽枕巾就是抠手指头。晚上回家也是如此，妈妈曾试过把着他的手睡，各种办法都用尽了，儿子就是不肯睡觉，总要把母亲折腾得筋疲力尽，才能勉强入睡。

这两位妈妈都非常焦急，以为是多动症，把孩子送去医院。一查，结果不是多动症，而是性格问题。

多动症的表现

多动症是一种常见的儿童和婴幼儿的心理疾病，孩子的智力一般正常，但存在与实际年龄不相符合的注意力涣散、活动过多、冲动任性、自控能力差的特点。它的发病，男孩要比女孩多出 4 到 9 倍。

表现一：无目的性的活动过多。

孩子好像不受意识支配似的不停活动，如毫无目的地摇桌子，晃椅子，即使受到提醒、制止或批评，马上又不由自主地重复原来的小动作，或更换为乱翻东西，东张西望、歪来歪去，平时手脚不停，无目的地乱闯、乱跑。大人说话的时候迫不及待地插嘴。对小伙伴常有莫名其妙的挑衅行为等。

表现二：注意力很难集中。

让他画画时，他会边画边玩，在纸上随便涂改，不加考虑地突然站起来动一会儿，或正在玩的时候对家长的谈话进行莫名其妙的插嘴。孩子很少会集中注意力去专心做某一件事情。

表现三：自控能力差。

孩子玩得高兴时又喊又叫，又跑又跳，手舞足蹈，莫名兴奋，情不自禁，得意忘形，对家长的厌烦表情和制止不能产生约束性心理反应。家长强行约束他时，他会表现出闹脾气、不高兴、发泄沮丧等情绪，采取敌意和对抗性行为。

表现四：运动的协调性差，并有知觉、语言、记忆的障碍。

比如孩子辨认符号和声音的时候，会花很长时间也搞不清，而且经常弄错。他的语言水平低于同龄孩子，记事慢而忘事快。

表现五：社会适应不良。

孩子常常个性倔犟，不愿受别人制约或排斥小伙伴，令同伴讨厌、害怕和敬而远之，因此不合群，得不到别人尊重。所以他很难与其他同龄儿童相处，不得不常找比自己年龄小的儿童玩和游戏。

表现六：学习困难。

他们的智力大多正常或接近正常，但学习成绩却普遍很差，由于无法集中注意力，情绪容易波动，所以接受能力也较弱。而且，他们在感、知觉方面的一些障碍也会导致学习困难。

造成儿童多动症的原因

诱因很多，不过医学界目前仍无定论，概括起来主要有以下五个：

1. 精神发育受损或成熟延迟。此类儿童行为较幼稚，动作笨拙，协调性差。孩子的母亲在孕期或围产期时并发症较多。

2. 遗传、素质因素。许多多动症儿童的父母小时候也多动；不少母亲反映患儿在胎儿期就好动，出生后好哭，入睡困难，进食不好，难以照顾。

3. 生物化学及代谢因素。经大量研究证实，多动症儿童中枢单胺类受体（一种神经介质，起传递大脑信息的作用，是与精神活动密切相关的化学物质）更新较慢；也有研究发现，维生素缺乏或某些食物添加剂或色素所致的代谢紊乱与儿童多动行为有关。

4. 金属元素中毒。铅中毒是比较流行的理论，但并非同一种情况的孩子都多动，所以这一因素还有待进一步研究。

5. 社会、家庭、心理因素。不良的社会环境、破裂的家庭、父母性格不良、意外精神刺激等都易导致儿童注意力不集中、多动。

家长如何判断多动症

根据医学界的一些经验和判断，我们大致列出九种儿童多动症的临床表现，供家长们进行参考：

1. 需要安静的场合，他却难以安静，常动个不停。

2. 容易兴奋和冲动。

3. 注意力难以集中，极易转移。

4. 做事常有始无终。

5. 话多，好插话或喧闹，常干扰其他儿童的活动。

6. 难以遵守集体活动的秩序或纪律。

7. 情绪不稳，提出的要求必须立即得到满足，否则就会产生情绪反应。

8. 学习成绩差，但不是由智力障碍引起的。

9. 动作较笨拙，精细运动技能差。

我们还要提醒家长，孩子好动，并不一定是多动症；而不动的孩子，也有多动症的案例出现。偶尔出现以上某种现象是很普通的。因此，如果发现孩子多动，一定要请专业的医生进一步诊断，切莫自己充当医生，武断地给孩子下结论。

多动症如何调整与治疗

除了必要的药物治疗外，家庭治疗更为关键。作为家庭系统中的一员，孩子出了问题，家庭环境也脱不了责任，如亲子关系不正常、家庭教育不科学等。同时，家里有多动症的患儿，也常常会导致大人之间关系紧张。因此，在采取防治措施时，其他家庭成员也应接受咨询。

多动症是一种生理和心理缺陷，对待多动症患儿，首先应具有正确的养育态度，然后才能有效地付诸行动。

1. 合理组织安排孩子的生活，帮助他制订家里以及学校关于行为、家务、作业的计划。

2. 开始时标准要定得低一点儿，然后逐渐提高。

3. 给予孩子及时、经常、有力的反馈。奖惩方法要因人而异，要做到切实有效，要以鼓励为主。

4. 安排适度的体育活动，对于孩子过剩的精力以合理疏泄，并加强协调性训练。

5. 加强学校和家庭的联系，既不歧视孩子，也不以有病为借口过分迁就孩子。

6. 合理安排教育时间和内容。

7. 不要喋喋不休，对孩子提出各项要求时，家长的回答要简短和清晰。

随母亲生活的单亲儿子如何感受父爱

现在离婚率很高，单亲家庭越来越多，母亲如何让跟着自己生活的儿子感受父爱呢？

两年前，李女士的儿子刚满1周岁就失去了父亲。两年时间，她既当母亲又当父亲。在一次父亲节来临之前，她表达了自己目前最大的心愿："我很想征集一位热心男士做我儿子一天的代理爸爸。"

丈夫出差回家的路上遭遇车祸，不幸遇难。从此，李女士当起了单

亲妈妈，带着儿子独自生活。看着儿子慢慢长大，她又欣慰又伤感。今年3岁的儿子总是好奇地问她："妈妈，我的爸爸呢？别的小朋友都有爸爸，我怎么没有？"这让妈妈无言以对。

"孩子还太小，我怕他理解不了生死，所以都是告诉他，爸爸到外地出差了。"妈妈选择这样的回答。

别看儿子还小，但对于"爸爸"这个词总是特别敏感。而每当节假日，别的小朋友由父亲带着出去玩的时候，儿子都会站在一旁偷偷地看着。回到家后，常常一个人躲在房间里不吭声。

"两年来，虽然我又当爹又当妈，但毕竟我还是替代不了父亲的角色。"李女士说。因为自己身为女性，对如何培养儿子成为一名堂堂正正的男子汉，也是心有余而力不足。所以，她才想到了给孩子找一个"代理爸爸"的主意，陪儿子玩一玩，让儿子感受一下父爱，同时也能够教他如何做一个小小男子汉。

我们的建议：

1. 不妨平静地告诉孩子关于父母已经分开的事实，鼓励孩子勇敢地面对现实。

首先妈妈要平心静气地接受夫妻离异（或分开）的现实。这样才能坦然地面对孩子，开始一种新的生活。同时要让孩子知道，这种生活和原来相比会有一些不同，但无论出现什么问题，爸爸妈妈都会像以前一样爱你，这一点是永远不变的。

2. 对离异家庭来说，妈妈一定要给孩子足够的安全感，不要把孩子作为报复对方的武器。

妈妈要让孩子感受到虽然他只和父母的一方生活在一起，但他的生活和以前一样安全、稳定，他不必担心什么。做到这一点，需要父母双方的合作，抚养孩子的一方要允许孩子与另一方联系，不抚养的一方则要多来看望孩子，让孩子感受到爸爸妈妈虽然不在一起，但对自己的爱没有变，而且也能感受到最基本的父爱。

3. 单亲家庭中，母子要在相依中各自独立。

单亲家庭中的两代人之间往往在情感上过于亲密，这是一种自然的情感联盟，但过分的情感依赖容易产生负面效应。所以，让孩子和自己都有独立生活的心理意识和能力是单亲家庭最明智的选择。这是在失去父亲的情况下，让儿子健康成长为男子汉的最佳选择，那就是注意培养儿子的独立性，让他多与社会接触，要格外避免儿子的自闭倾向，开导他的思想。

假"单亲"的孩子也容易缺乏父爱

现在很多父母由于工作繁忙，爸爸更是长期在外跑来跑去忙事业，儿子见到爸爸的时间很少，只能由妈妈照顾他。我们称之为"假单亲孩子"，他们也是缺乏父爱的一个群体。

在男孩的心目中，父亲是力量、智慧、刚毅、坚强的象征。有父亲在身边，孩子就会觉得安全，生活也会更加充满温馨和快乐。父亲的坚强和刚毅给了孩子无穷的力量，也是孩子一生赖以获得安全感的依靠。相反，如果孩子无法从父亲那里获得安全感，就会产生很多问题。甚至，在幼儿时期，父爱的缺失会让幼儿缺乏安全感，容易产生疾病。在成长的过程中，更会出现情感脆弱，性格怯懦、内向，缺乏社会交往能力，不容易应付周围多变的环境等现象。

这些消极的因素如果没能在儿童成长的早期得以消除，将会影响小孩子的一生。

儿子的求知欲父母无法满足怎么办

军军歪着脑袋问妈妈："妈妈，花儿为什么是红的呢?"

妈妈回答："因为花朵里面有红颜色。"

军军又问："花朵里面为什么有红颜色呢，为什么就没有黑颜

色呢?"

妈妈被问住了,哑口无言。

有时,军军还会问一些科普知识:"妈妈,为什么地球不叫水球,不叫火球呢?"

妈妈起初很自信地回答:"因为地球大部分是由坚硬的石头和泥土组成的呀!"

军军又问:"太阳上面是什么?"

妈妈说:"是熊熊燃烧的大火呀,要不,夏天怎么那么热呢。"

军军嘿嘿一笑:"那为什么太阳不叫火球呢?"

妈妈再次哑口无言…………

宝宝的脑海中有十万个为什么,需要父母帮他们进行解答。但作为家长来说,工作忙,时间少,而且自己也不是大英百科全书,加上宝宝问的问题有时怪怪的,全不符合大人的逻辑,有时难免回答不出儿子的问题,或者因为时间不足,无暇给儿子一个满意的答案。这是家长在进行亲子教育时经常遇到的烦恼。

家长不妨平时多采取以下的办法:

1. 做足准备,应对儿子随时会发动的"问题战争"。

孩子对世界充满好奇,为什么这样,为什么那样,各种各样千奇百怪的问题,在他们的脑海中装得满满的,常常把爸爸妈妈们问得搔头不已,打家长一个措手不及。家长可以多准备一些相关的书籍,比如《十万个为什么》、《上下五千年》等,这是最好的解围老师,孩子们的问题通常能在这里找到答案。

2. 化被动为主动,满足儿子的求知欲。

在他还不识字的时候,就买些故事书,每天睡前跟他讲一两个故事。读幼儿园后,认识一些字了,就可以买些图文并茂的图书给他自己看。放假时也常带他到书城逛一逛,让他尽情挑选自己喜欢的书来看。这样做,一是可以满足儿子的求知欲,二是培养了儿子自己查找答案的兴趣。

3．态度要端正，支持儿子提问题。

家长要支持孩子提问题。每当孩子提出一个问题时，无论对错，家长都应该表示赞赏，孩子从中得到了满足，以后他还会提出更多的问题，形成良性循环。如果家长表示不耐烦，就会泯灭孩子的求知欲。

4．和儿子一起寻找答案。

家长平时可以与孩子一起阅读一些儿童读物，不仅可以融洽亲子关系，也可以让孩子增长知识，满足其求知欲。并且，寻找共同感兴趣的问题，遇有无法解答的情况，可以共同查找答案。其实，答案本身并不重要，关键是这个求知的过程，对儿子的锻炼价值是最大的。

如何保证淘气儿子的安全

家长都很担心的一个问题：儿子很淘气，想约束他，怕扼杀孩子的天性；不约束吧，又十分担心他的安全，就怕他玩一些危险的游戏，或者碰到诸如电线之类的东西。

电梯里的晋晋

晋晋快4岁了，特别淘气好动，有时父母一眨眼的工夫，就找不到他了。父母正焦急呢，他又不知从哪儿蹦了出来，老是吓唬爸爸妈妈。这样的事情多了，爸爸妈妈就开始有点大意。

有一天，一家三口从外面回来，准备上电梯。小两口接电话的时候，晋晋嗖一下就钻进电梯了。刚进去，门就关上了。怎么也打不开，被独自关在电梯里的晋晋这回害怕了，在里面喊妈妈，喊爸爸。

爸爸急中生智，赶紧喊了一句："晋晋，你不要着急，按3！"然后让妻子在下面盯着，他拼命地跑上3楼。结果，晋晋已经在电梯门口等他了。眼睛有点红，但俨然一副"小男子汉"的模样，很沉稳地说：

"爸爸，我都着急了，不过没哭，我勇敢吧！"

晋晋是个淘气孩子，不过，独自面对危险的时候能够冷静处理，和他的爸爸妈妈反应及时是有很大关系的。而且，这跟宝宝的心理素质也有关系，越是淘气的孩子，有时越能临危不乱，能比较冷静地听从父母的指挥，作出正确的判断和决定。

父母是最好的安全老师

面对淘气儿子，家长一定要长期给他灌输安全观念。比如儿子吃冰糖葫芦，或是拿牙签，要随时提醒他别扎到口、鼻、眼睛；他会爬高了，绝不允许他爬窗台，并告诉他一些小朋友发生意外的实例，让他知道这样是很危险的；每天上下电梯，就教他如何防止被电梯夹到。3 岁时，就让他踮起脚够电梯里的数字键。

还要告诉儿子，一旦在商场等人多的场所走失时，要记住在原地等候，不能焦急乱跑；在马路上，教他认识红绿灯，告诉他交通规则，走斑马线；教他不被好吃的、好玩的东西引诱。爸妈还要随时将听到、遇到和想到的安全和自我保护的知识和事例，及时地告诉宝贝，让他树立安全的观念，学会自己爱自己，保护自己不受伤害，以及遇到突发性事件时的应对能力。

另外，寓教于乐也是一种很好的方式。给孩子讲白雪公主，让他明白不应该随便吃别人给的东西。让他知道，哪些事情是危险的，是不应该做的。比如不能给陌生人开门；在幼儿园如果不小心掉到沟里，要记得大声呼救，不要慌；电线之类的危险事物绝不要碰。

还有，就是对各种情况进行情景设置，让儿子去想办法。比如"如果你在商场找不到爸爸妈妈怎么办？"听听儿子会怎么办，最后再告诉他正确答案。

淘气的孩子反而更安全

有一则故事是这样讲的：游泳池里有一对孪生兄弟，一个套在救生圈里，还胆怯地离不开父母；另一个却像一条梭鱼，在池中钻来钻去。

在救生圈里的那个是在奶奶的百般呵护下长大的，连托儿所幼儿园都没送；那个在水里如鱼穿梭的孩子从小跟妈妈到美国，放在一个黑人家里养育，跟几个黑人孩子在一起爬，不到两岁就扔到水里游泳。现在，他不光游泳好，还能骑两轮自行车，蹬滑板和滑旱冰也有模有样的。

你说，这两个孩子，到底哪一个更安全，更能够保护自己呢？为了保护儿子，就把他放置到封闭的世界里，只会捡起芝麻丢了西瓜，对孩子的成长极为不利。父母需要做的是引导和增加孩子的安全意识，而不是由自己充当密不透风的安全伞。父母总不能保护孩子一辈子。那些不经常运动的安分孩子，由于他们缺少经验、力量和技巧，在参加集体活动时反而容易出事。

所以，从宝宝学会爬开始，父母就要给予足够的运动空间，让他们活动。即使稍有淘气也没关系。对付淘气儿子，家长既不要纵容，也不要限制，随时关注，注意引导，这是保证孩子安全的最好方式。

 延伸阅读：正确对待儿童性游戏

作为宝宝成长过程中烦恼的一部分，儿童性游戏是宝宝性意识发展过程中自然而幼稚的表现，比如会不自觉地抚摸、玩弄自己的性器官，产生好奇或恐慌，对异性产生探究心理，由此引发一系列的相关行为。

很多家长视其为洪水猛兽，甚至还会因此严厉地训斥自己的宝宝。其实大可不必，幼儿期的"儿童性游戏"及其经验，对其今后的性心理及其人格的发展都有着极其深远的影响。我们应该正确地认识和对待孩子的儿童性游戏，促进他们心理的健康发展，真正履行做家长的职责。

一般来讲，儿童性游戏有以下四种表现：

1. 自乐式性游戏

通过玩弄、摩擦自己的生殖器来获得快感。这种行为的发生往往有一个从无意识到有意识的过程，最初触摸生殖器与触摸身体的其他部位一样，但触摸时所产生的很舒服的感觉，使孩子从无意识地触摸到有意地玩弄，从而形成了习惯。自乐式性游戏是孩子探索其性存在并从中获得快乐的一种很自然的方法，是成长过程中的一种正常现象。但许多教师和家长往往会对此行为感深深的不安，严厉地训斥、惩罚幼儿，以期能制止他们的行为。

午睡时，老师走到 3 岁半的婷婷身边。只见婷婷仰躺着满脸通红，眼睛一动不动地盯着天花板，两脚伸得直直的、夹得紧紧的。当婷婷发现老师去动她的被子时，马上停止了动作，显出一副紧张的表情。

美术课时，小朋友都在认真地看着老师绘画，可小明将自己的小鸡鸡从衣服里拉出来，神情专注地玩着，当老师提醒他"认真上课"时，他停止了动作。

如果大人强行制止，会产生一定的效果，但更大的危险便可能潜伏下来——孩子对自己的行为感到十分忧虑、紧张、愧疚，形成自己的行为是"龌龊下流"的概念，背上沉重的包袱，常常反复处于手淫的快感和内心矛盾的冲突中，怀疑自己是个坏孩子，从而降低自尊心。

此时，家长既要明确孩子的这种行为与性意识无关，切不可横加训斥，又要采取正确的处理方式，如：发现儿子在玩此类游戏时，及时转移他的注意力，比如画画、唱歌、体育活动等有意义的事情，还可与他讲讲不要玩性器官的道理，主要是卫生方面的道理。

2. 友爱式性游戏

幼儿园，晶晶和冬冬高兴地玩着"过家家"，扮新郎和新娘。晶晶将纱巾戴在头上，冬冬抱抱晶并在她的脸上亲了一下，晶晶也亲了一下冬冬，然后冬冬说："我们生个小宝宝吧。"晶晶把布娃娃放在裤腰里，取出来说："我当妈妈，给宝宝喂奶，你当爸爸，带宝宝玩耍。"

这便是一种友爱式性游戏，是纯粹的对成人世界的模仿行为，家长和老师绝对不能以大人之心度孩子之心，没必要将幼儿期的这类问题复杂化。还是上面讲的，正确引导，可以找一些孩子感兴趣的内容或话题，转移注意力。另外，要避免成人影视节目或娱乐活动对孩子的消极影响，这也是十分重要的。

3. 侵犯式性游戏

明明在公园玩，看到一个可爱的小女孩走过来，就冲动地跑过去抱住她亲了一口。小女孩的妈妈生气地责骂明明是"小流氓"，明明的爸爸在尴尬的情况下打了明明一顿。明明抬着迷茫的哭脸，不明白阿姨为什么骂他，爸爸为什么打他。

明明"亲小脸"的行为完全符合3岁到5岁男孩的心理行为特点，他们有着较强的模仿能力，而他们的心智发育并没有因为对成人行为的模仿而超前，他们仍然以自己的理解直观地表达着对周围世界的喜怒哀乐。明明的行为或许是看了类似的影视片而模仿，或是出于对小女孩的喜爱，或是由于顽皮，但是绝没有"耍流氓"的动机。

面对此类"性游戏"，成人的过激行为往往会影响双方孩子的性心理的健康发展，因为这些过激行为等于告诉他们："亲异性"是一种"流氓行为"。家长应该告诉孩子，强行亲吻别人是不尊重别人的行为，如果喜欢别人可采取其他表达喜爱的方式，如送一个玩具或她一起玩，而不应该打孩子。

4. 探究式性游戏

男孩和女孩在草地上玩，男孩随地小便，女孩奔到男孩的前面，低头看男孩小便。男孩不让看，转身向另一边。谁知女孩却跟着男孩转，细看男孩小便。一会儿，女孩脱下裤子，也挺着肚子小便，裤子却湿了一大片。

幼儿园的洗手间里，中班的男孩在小便池边一字排开，"我们看谁尿得高？"一个男孩提议，大家热烈响应，小便池边于是出现了一场激烈的尿尿大赛，结果小刚得了第一名。比赛刚结束，又有人提议比谁的小鸡鸡大，他们又捧着各自的小鸡鸡相互仔细观察起来。

这是十分典型的孩童性探究活动，都是受好奇心的驱使，他们渴望通过自己的观察与理解来认识性，而对自己和别人的身体产生了好奇与关注。当他们的游戏受到成人的斥责后，往往会以另外一些安全的方式进行，比如医生看病游戏，男孩扮作医生，女孩扮作病人，或者女孩扮医生，男孩扮病人，互相查看对方的身体。

心理学研究早已表明，探究式性游戏可以满足孩子对异性身体的好奇心，有利于他们今后性心理的发展。因此，家长既要保护他们积极求知的一面，又要制止这种行为消极的一面。比如家长可以选择适当的时机，如游泳换衣服时、洗澡时、上卫生间时，很自然地让宝宝认识个体的器官，向他说明男女身体是不同的，要重视自己和别人的身体，自己的身体不能让人随便触摸，也不能随便摸别人的身体。当发现孩子互相观看裸体或偷看异性洗澡等行为时，不要大声呵斥，而应该心平气和地耐心告诉他为什么不能这样做。

5. 教什么和怎么教

现在的家长大多已经知道从小对宝宝进行性教育和性启蒙的重要性，但很多人却吃不准应该教什么，怎么教？哪些是该说的，哪些是不该说的？而孩子们此类的性游戏则是家长们进行介入教育的绝好机会，避免了专门对孩子进行性教育可能会遇到的尴尬。

我们要以幼儿之心、平静之心对待儿童性游戏，以适合宝宝年龄特点的语言指出行为的好坏，简单粗暴或过于细致都会对孩子的成长带来消极的影响，前者会使孩子认为性是肮脏的、丑恶的，后者则会激起孩子对性的过分好奇。